Georg Weerth

Ausgewählte Gedichte

Georg Weerth: Ausgewählte Gedichte

Neuausgabe mit einer Biographie des Autors
Herausgegeben von Karl-Maria Guth
Berlin 2017

Der Text dieser Ausgabe folgt:
Georg Weerth: Sämtliche Werke in fünf Bänden.
Herausgegeben von Bruno Kaiser, Berlin: Aufbau, 1956/57.

Die Paginierung obiger Ausgabe wird hier als Marginalie
zeilengenau mitgeführt.

Umschlaggestaltung von Thomas Schultz-Overhage unter
Verwendung des Bildes: Georg Weerth (Daguerrotypie, um
1851/52)

Gesetzt aus der Minion Pro, 11 pt

Verlag: Henricus - Edition Deutsche Klassik GmbH
Mörchinger Str. 33, 14169 Berlin, info@henricus-verlag.de
Druck: Libri Plureos GmbH, Friedensallee 273, 22763 Hamburg

Die Ausgaben der Sammlung Hofenberg basieren auf
zuverlässigen Textgrundlagen. Die Seitenkonkordanz zu
anerkannten Studienausgaben machen Hofenbergtexte auch
in wissenschaftlichem Zusammenhang zitierfähig.

ISBN 978-3-7437-0685-9

Bibliografische Information der Deutschen Nationalbibliothek

Die Deutsche Nationalbibliothek verzeichnet diese Publikation
in der Deutschen Nationalbibliografie; detaillierte
bibliografische Daten sind im Internet über www.dnb.de
abrufbar.

Inhalt

Die Liebe 5
Der Wein 23
Die Schenke 41
An Köln 43
Der Wein ist nicht geraten 45
Das Nackte 48
Freund Lenz 49
Die Natur 51
Vernunft und Wahnsinn 52
Die Industrie 56
Gericht 59
Erst achtzehn Jahr 61
Das Hungerlied 64
Es wurde dunkel auf den Gassen 64
Die rheinischen Weinbauern 65
Arbeite 66
Das Lied von der verunglückten Kartoffel 67
Lieder aus Lancashire 69
   Es war ein armer Schneider 69
   Die hundert Männer von Haswell 70
   Der alte Wirt in Lancashire 71
   Der Kanonengießer 72
   Sie saßen auf den Bänken 73
   Herüber zog eine schwarze Nacht 74
   Das ist das Haus am schwarzen Moor 74
Der arme Tom 76
Mary 76
Klagelied eines Irländers 78
Deutscher und Ire 80
Gebet eines Irländers 81

Handwerksburschen-Lieder 83
   Der Abschied 83
   Auf hohem Berge 84
   Im grünen Walde 85
   Drei schöne Handwerksburschen 86
   Um die Kirschenblüte 87
Herr Joseph und Frau Potiphar 89
Die deutschen Verbannten in Brüssel 92
Ein Jahr 95
Kaiser Karl 96
Pfingstlied 97
Heuler und Wühler 98
Ich wollt, ich wär Polizeiminister 99
Heute morgen fuhr ich nach Düsseldorf 100
Kein schöner Ding ist auf der Welt, als seine Feinde zu
   beißen 103
Die heilige deutsche Reichsarmee 116
Schlußlied 117

Die Liebe

Kein grösser freud auf erden ist
denn der bei seiner liebsten ist,
bei seiner liebsten alleine;
der mag wol reden was im gebrist
und was im in seinem herzen gelüst,
freundlich tun sie anschauwen.
Volksl. Uhland I Nr. 60

1.

Die goldne Sonne hat
Sich nun hinwegbegeben,
Und über der grauen Stadt
Die Abendwolken schweben.

Die Glocken, groß und klein,
Geben ein lieb Geläute –
Laßt nun die Arbeit sein,
Es ist genug für heute.

2.

Ich sang und sang ein kleines Lied
Und bracht's doch nie zu Ende;
Da wurd ich traurig, still und müd,
Und faltete die Hände.

Ich weiß nicht, was ich weiter tat,
Bin lange wach geblieben,
Doch weiß ich, daß ich sorglich bat
Für alle, die sich lieben.

3.

Es kam der Herbst gegangen,
Da schwand der Wälder Pracht;
Die letzten Lieder sangen
Zwei kleine Vögel über Nacht.

Die ziehn mit stillem Leiden
Nun immer morgenwärts;
Denn hart ist alles Scheiden –
Auch für ein kleines Vogelherz.

4.

Ich träumte von einer Taube
Und einem Falken scheu;
Die saßen in einer Laube
Und schwuren sich ewigliche Treu.

Es klang das Morgengeläute,
Vorüber war die Nacht.
Ich wußt nicht, was es bedeute –
Da hab ich an dich und mich gedacht.

5.

Mit Myrten wolln wir schmücken
Deine Stirne, so rein und licht,
Und wollen dir Küsse drücken
In dein liebes Angesicht.

Und wolln die Hände falten
Und sprechen ein klein Gebet;
Und wollen dich lieb behalten,
Bis die Sonne untergeht.

6.

Komm, Lieb, und deinen Gram vergiß!
Laß leuchten mir deiner Augen Schein.
Ich habe dir oft gesagt: Gewiß,
Gewiß, wir werden noch glücklich sein!

7.

Im wundervollen Lenze,
Wenn lind die Lüfte wehn,
Da rauschen Blumenkränze
Auf Hügeln und auf Höhn.

Wir bringen dir den schönen,
Aus dem die Myrte schaut;
Der soll die Stirne krönen
Einer holden jungen Braut.

8.

Die goldne Morgenröte fliegt
Schon über Berg und Wald.
Steh auf, wer bei Feinsliebchen liegt,
Der junge Tag kommt bald!

Doch wer ein schönes Weibchen hat,
Der eile nicht so sehr –
Ich wollt, daß ich an seiner Statt
Ein halbes Stündchen wär!

9.

O daß ich dich zu trösten wüßte!
Ich will ja alles und alles gestehn.
Sieh, daß ich das kleine Gretchen küßte,
Gewiß, es war ein reines Versehn.

Es war so dämmrig unter den Linden,
Ich wußte selbst nicht, wie mir geschah;
Ich hoffte nur dich, nur dich zu finden,
Und fand und küßte das Gretchen da.

Und ach, es war nur ein kleines Küssen,
Und ich sorge, daß niemand es sonst erfährt;
Und gewiß, du wirst mir vergeben müssen –
Du hast das Küssen ja selbst mir gelehrt.

10.

Die Blume starb auf eis'gen Feldern,
Mein einsam Herz ist dumpf und schwer,
Ich bin ein Adler in öden Wäldern,
Eine arme Möwe auf wüstem Meer.

O laß den Frühling wieder tönen,
Du lieber Gott, und meinen Sinn –
O tröste ihn mit einer schönen
Ja Möwin oder Adlerin!

11.

Es sind wohl über der Stadt
Die Abendglocken erklungen.
Des Küsters Töchterlein hat
Sie mit weißer Hand geschwungen.

Als der erste Ton erklang,
Da sah ich hinter dem Walde,
Wie die leuchtende Sonne sank –
Und Nacht lag über der Halde.

Der zweite tönte darauf;
Da zogen viel muntere Sterne

Den dunklen Himmel herauf
Und blitzten in duftiger Ferne.

Den letzten hörte ich nicht –
Ihn holten die Abendwinde.
Ich küßte ein rosig Gesicht,
Und über uns rauschte die Linde.

12.

Ich liebe dich wie mein Leben,
Ich liebe dich alsosehr;
Ich möcht einen Ring dir geben
Von Golde und Steinen schwer.

Ich möcht alle Blumen pflücken
Auf schimmernden Bergeshöhn,
Deine liebe Stirne zu schmücken
Und deine Locken schön.

Ich möcht alle Vögel bringen
Aus Wiese, aus Berg und Wald:
Die sollten mir klingen und singen
Von deiner schönen Gestalt!

13.

Wenn der Morgenstern glänzt
Und das Morgenrot glüht:
Da weiß ich, wer singend
Ins Tal hinabzieht.
Da weiß ich, wer reitet
Zum frischgrünen Grund,
Da weiß ich, wer küßt
Einen frischroten Mund!

Du Herzallerliebste,
Du lustiges Kind,
Mach auf deine Hütte,
Laß ein mich geschwind!
Deiner Augen Gefunkel,
Deiner Locken Geroll
Macht Dumme verständig,
Verständige toll!

Für dich schlägt mein Herz!
Für dich blitzt mein Schwert!
Für dich laß ich tanzen
Mein nußbraunes Pferd!
Für dich litt ich willig
Spott, Schande und Not!
Für dich lief ich barfuß
Durch Hölle und Tod!

Drum auf deine Hütte!
Laß wallen dein Haar!
Laß leuchten dein Auge,
Dein Auge so klar!
Ich preß an die Brust dich,
Ich schwinge den Stahl –
Vielleicht daß ich küß dich
Zum letzten Mal.

14.

Ich möchte wandern an die Lahn,
Wohl an die Lahn zur Stunde,
Wo auf den Wellen kreist der Schwan,
Wo auf den Dörfern singt der Hahn
Mit hoch prophet'schem Munde.

Wo lind die Luft, wo klar die Flut,
Wo träumerisch das falbe,

Das falbe Roß im Grase ruht,
Wo oft den Flug ins Freie tut
Die Taube und die Schwalbe.

Wo mittags aus dem Laubgewind
Die braunen Hirsche sehen,
Wo still die weiten Täler sind,
Wo flüsternd wohl im Abendwind
Die jungen Buchen wehen.

Wo hoch vom Berg die Rebe sieht
Mit Ranken grün und krause,
Wo wild die rote Rose glüht
Und wo die schönste Tochter blüht
In einem weißen Hause.

15.

Der Turm, der aus dem Dorfe ragt,
Erhebt der Glocken hell Getön;
Und neulich hat mir Franz gesagt,
Er sagte mir: ich wäre schön.
Wie das nun kommt, gern wüßt ich's bald –
Bin doch erst sechzehn Jahre alt.

Franz ist ein wilder Junge, traun!
Denn gestern in der Dämmerung,
Da sprang er übern Gartenzaun
Und küßte hurtig meinen Mund.
Und wie's geschah, ich weiß es nicht –
Franz hat ein allerliebst Gesicht.

Franz hat mir diesen Ring geschenkt
Und dieses Kreuz an rotem Band!
Er hat's mir selber umgehängt,
Und als ich sinnend vor ihm stand,

Viel seltsam Fragen macht' er da,
Und ich, ich glaub, ich sagte: Ja!

Ich weiß nicht, was ich ihm gesagt!
Genug, der Abend war so schön,
Der Turm, der aus dem Dorfe ragt,
Erhub der Glocken hell Getön;
Und ich, ich ging nach Haus und dacht,
Ich dacht an Franz die halbe Nacht.

16.

Maria war von lichtem Scheine,
Sie hatte ein lieb Gesicht.
Das wußten die Burschen am ganzen Rheine –
Maria wußte es nicht.
Sie setzte sich unter die alte Linde,
Sie wand einen vollen frischen Kranz,
Aus Rosen machte sie ein Gewinde
Und sprach: »Nun denk ich an meinen Franz.

Nun denk ich an die stille Stunde,
Wo zuerst er aus dem Walde trat,
Wie er mich drüben im Wiesengrunde
Um meine blaßblaue Schleife bat;
Wie er mich in die Dorfesschenke
An seinem Arm geführt zum Tanz,
Und wie wir getanzt – ach Gott, ich denke,
Ich denke nur immer an meinen Franz.

An meinen Franz! Wie im schmucken Kleide
Als Soldat er vor die Tür gesprengt,
Wie er geküßt meine Lippen beide
Und von Gold mir diesen Ring geschenkt;
Und wie er am Roß mich emporgehoben,
Das Auge voll Tränen ganz,

Wie die Waffen geklirrt und die Reiter stoben
Hinweg – und hinweg mein Franz!

Und wie ich die langen Winternächte
In Kummer verlebt und immer gedacht:
Wo er weilen möcht, ob er mein gedächte –
Bis zum Rhein man die blutige Locke gebracht.
Bis alle kamen – nur nimmer der eine!« –
Da ward sie still, ihr entsank der Kranz.
Aufrauschte die Erle im nahen Haine,
Und sie weinte um ihren toten Franz.

17.

Sie sah in den Wolken das Abendrot,
Da kam ihr Herz in große Not.

Sie machte sich hurtig auf den Weg,
Wohl durch den Garten, wohl über den Steg.

Und als sie kam durch den Tannenwald:
Sie meinte, sie säh eine weiße Gestalt.

Und als sie rasch durch die Erlen schritt:
Sie meinte, stets liefe noch jemand mit.

Und als sie sprang an der Weide vorbei:
Auffuhren die Rosse mit wildem Schrei!

Und als sie vorüberjagte am Moor:
Da huschte ein schwarzer Vogel empor.

Und als sie die Lichter im Dorfe schaut':
Da bellten die Hunde so laut, so laut.

Und als sie genommen zur Kirche den Lauf:
Die Uhr hörte mitten im Schlagen auf.

Und als sie rannte zur Hütte drauf:
Da flogen die Türen von selber auf.

Und als sie fragte, welch Leid geschehn:
Da wollte kein Mensch ihr Rede stehn.

Und als sie fragt', wer erschlagen wär –
Da trug man den toten Knaben daher.

18.

Wo in den Buchen säuselt der Wind
Hoch auf den sieben Bergen hie,
Da wohnte das feine Bauernkind,
Die schöne Mimilie.

Da tanzte sie durch den lichten Wald
Und ließ die braunen Haare walln,
Und sechzehn Jahre wurde sie alt
Wohl unter Rosen und Nachtigalln.

Sie blickte keck in die Wolken hinein,
Da jauchzten die Falken mit wildem Schrei!
Sie blickte hinab in den grünen Rhein:
Und stolzer rollten die Wogen vorbei!

Und stolz auf die rheinische Dirne sah
Der Winzer im Feld und der Ferge im Kahn,
Und von Königswinter bis Honnef, da
Hat manch armen Jungen sie's angetan.

Und die Kunde drang durch das ganze Land,
Und jeder wollte die Schöne sehn.
Es ließ der Student den staub'gen Foliant
Und kam und konnte nicht widerstehn

Und vergaß den Horaz und den alten Homer
Und dachte an sie nur und nur an sie! –
Und zog durch die sieben Berge daher
Und lobte die schöne Mimilie. –

O Lust, o Liebe im frohen Mai,
Wie ist so schnell dein Zauber verblüht!
Es hallten die Berge von Wehgeschrei,
Als ach die schönste der Rosen schied.

Da hörte der Falke zu jauchzen auf,
Und die Blumen starben entblättert all,
Dumpf brauste der Rhein den alten Lauf,
Und es schwieg im Walde die Nachtigall.

Und der Winzer sah ernst in die Nacht hinaus,
Und es sanken dem Fergen die guten Händ,
Und zu Bonn im hochgegiebelten Haus
Saß traurig wieder manch treuer Student.

19.

Über die Berge klang ein Klagelied:
Die Schwalbe war's, die von der Heimat schied.
Sie hob sich hoch empor im Abendsonnenbrand –
Zu schaun noch einmal ihrer Jugend Land.

Da war verwelkt der Auen frischer Flor,
Verdorrt die Rebe über grauem Tor,
Entlaubt der Linden lustiges Gezweig,
Verweht die Rose in des Gartens Reich.

Kalt blies der Nachtwind durch des Dorfes Raum,
Und vor dem Haus, wo an des Daches Saum
Sie einst geweilt – ach, bitter weinte da,
Die sie im Frühling lieblich lächeln sah,

Die einst sie lächeln sah, die schönste Maid –
Der Winter kam, und ach, es kam das Leid.
Und durch die Lüfte klang das Klagelied
Der Schwalbe da, die von der Heimat schied.

20.

Es weht schon durch die Gassen
Der kühle Abendwind,
Und ich bin ein verlassen,
Ein armes Menschenkind.
Ich sah den Mond erscheinen,
Der durch die Wolken bricht,
Und weiß nicht: soll ich weinen,
Oder wein ich lieber nicht.

Gott grüß dich, alte Schenke,
Mit deinem runden Schild;
O gib ein gut Getränke,
Das meinen Kummer stillt;
Daß balde ich versetzet
Ins Land der Träumerein,
Wo sich das Herz ergetzet
An buntem Märchenschein.

Da draußen rauscht die Erle
Und pocht ans Fenster leis,
Hier innen steigt die Perle
Im Glase silberweiß.
Das ist der Wein, der mählich
Das arme Herz beglückt
Und mich so zauberselig
Der Erde ganz entrückt.

Von hohen Linden träum ich,
Die auf den Wiesen stehn,
Die Gipfel blütensäumig

Im Mondenglanze wehn.
Sie werfen ihren Schatten
An Quellen frisch und klar,
Dort tanzt auf grünen Matten
Die leichte Elfenschar.

Es thront die Königinne
In ihres Lagers Rund,
Der zuckt die glühnde Minne
Um Wang und Rosenmund,
Der leuchtet in den Blicken
Ein blaues Sternenlicht,
Und schöne Locken nicken
Hinab in ihr Gesicht.

Die schwebenden Gestalten,
Wie sind sie schlank und zart,
In ihren Händen halten
Sie Blumen seltner Art.
Um nackte Schultern rauschen
Die luft'gen Schleier weit,
Und üpp'ge Glieder lauschen
Aus knappem Seidenkleid.

Sie drehn die kleinen Füße
Nach süßer Melodei
Und winken schnelle Grüße
Und huschen rasch vorbei;
Sie ringen und umschlingen
Sich mit den Armen hold,
Sie küssen sich und schwingen
Das volle Lockengold.

Sie singen wundertönig,
Sie singen hell und rein –
Und ich will euer König,
Ihr Elfenkinder, sein.

An blühenden Lindenbäumen,
In stiller Mondenpracht,
Da will ich lieben, träumen
Mit euch die ganze Nacht.

Ha, wenn auf zarter Lippen
Hellglühndem Purpursamt,
Den süßen Tau zu nippen,
Mein wildes Küssen flammt,
Da sinkst du Königinne
Herab von deinem Thron –
Es siegt mit seiner Minne
Der kühne Erdensohn!

Da wacht' ich auf – es gingen
Die Schenkenlichter aus,
Mit Lachen und mit Singen
Zog jeder Gast nach Haus.
Die Nacht lag auf den Gassen,
Kalt pfiff vorbei der Wind,
Und ich war ein verlassen,
Ein armes Menschenkind.

21.

Die Frühlingswolken wehen,
Das Tal ist frisch und grün,
Ob auf den nächsten Höhen
Wohl schon die Reben blühn?

Schon lange ist's, gar lange,
Da hab ich sie gepflanzt,
Dort wo am Bergeshange
Bei Nacht die Elfe tanzt.

Ich bat um ihren Segen,
Ich flehte: »Lichter Geist,

O möchtest du doch pflegen
Die junge Saat zumeist.

Du lockst die Morgenwolke,
Daß sie sich rauschend senkt,
Daß sie dem Blumenvolke
Den sanften Regen schenkt.

Denn deine Kinder sind sie,
Die Blüten rot und weiß,
Du schlingest zum Gewind sie
Mit Knospe, Blatt und Reis.

O sieh auch meine Reben
Mit holdem Auge an,
Daß mir im Herbste beben
Viel goldne Trauben dran.«

So sprach ich, und erfüllet
Ist, was ich einst gedacht,
Mein Sehnen ist gestillet:
Denn lieblich über Nacht,

Als sich ein Meer ergossen
Von Blüten rot und weiß,
Erhuben alle Sprossen
Ein junges Blütenreis,

Und duftend ziehn die Ranken
Zum Himmel ihre Bahn,
Sie winden an den schlanken
Burgtürmen sich hinan.

Mich deucht: nach stillem Grüßen
All ihr Verlangen geht,
Den Rosenstrauch zu küssen,
Der hoch im Erker steht.

22.

Das ist der Mai, der Junker Mai,
Er kommt in grünem Kleide;
Die Vöglein singen juchhei, juchhei,
Aus ist's mit unserm Leide.

Das ist der Mai, der Junker Mai,
Er kommt mit Veilchen und Rosen;
Nun laßt uns singen juchhei, juchhei,
Und laßt uns küssen und kosen.

Nun laßt uns küssen manch schönen Mund
Hinauf und hinab am Rheine,
Und laßt uns drehen im Wiesengrund
Zum Tanze die lustigen Beine.

23.

Dich lieb ich, und ach, kann es ändern nicht,
Ich liebe dich um dein schön Gesicht,
Ich liebe dich um deine zarten Brüste
Und weil ich dich dreimal küßte, küßte!

Ich ging zum Dome, da sah ich bald
Deine braunen Haare, deine edle Gestalt,
Du trugst unterm Kinn drei blaue Schleifen
Und ein faltiges Kleid mit roten Streifen.

24.

Sie zog ihre weißen Strümpfe an,
Sie steckte den Fuß in den kleinen Schuh,
Und als sie das Röcklein angetan,
Da band sie's mit blauen Bändern zu.

Und schaute dann in den Spiegel voll Hast
Und schaute von dieser und jener Seit
Und hätte sich, ach, verwundert fast
Ob ihrer eigenen Lieblichkeit.

Denn schwarz war ihr Haar wie die schwarze Nacht
Und licht ihre Stirn wie der lichte Tag
Und röter der Mund wie Rubinenpracht –
Und der Schelm ihr in beiden Wangen saß.

Und wie zwei Hügel wölbten sich,
Wohl schöner als bei Elfen und Feen,
Zwei Brüstelein also wonniglich
Wie je ein Menschenkind gesehn.

Und die Augen blitzten! Und also schlank
Flog sie bald im Tanze herum.
Vor Liebe wurden die Jungen krank,
Und die alten Leute wurden dumm.

Und der reiche Mann vergaß sein Geld
Und der arme Mann seinen Kummer ganz,
Und der Bauer vergaß sein Pflug und Feld
Und der Pfaff sein Kreuz und Rosenkranz.

Aus den Nestern schauten die Schwalben klug,
Und es stieg der lange Storch vom Dach,
Und der hölzerne Sankt Peter schlug
Vom Gesims herunter und zerbrach.

Und die Säufer hielten im Trunke ein,
Und die Schwarzwälder Uhren blieben stehn.
Und also tanzte ihr flinkes Bein,
Daß die Sonne fast mochte nicht untergehn.

25.

Schön warst du, wandelnd auf grünem Plan.
Die Nachtigall sang, und die Rosen sahn
Erstaunt ihre liebliche Schwester an –
Und schön warst du, wandelnd auf grünem Plan.

Schön warst du, kniend in des Domes Chor.
Du hobst aus des Schleiers düsterm Flor
Betend die weißen Hände empor –
Und schön warst du, kniend in des Domes Chor.

Schön warst du, tanzend um Mitternacht
Mit dem kleinen Fuß – hell hast du gelacht
Und hast mich bankrott und verrückt gemacht –
Und schön warst du, tanzend um Mitternacht.

Und schön bist du stets! Ja lieblich und schön!
Vor Gott und Beelzebub bist du schön!
Schön bist du, was du auch treibst und tust –
Doch am schönsten, wenn du im Arme mir ruhst.

Der Wein

Und dem Weisen ist zu gonnen,
Wenn am Abend sinkt die Sonnen,
Daß er in sich geht und denkt,
Wo man einen Guten schenkt.

Volkslied

1.

Der Gott, der uns die Rebe gab,
Der hat uns auch geheißen:
Zu trinken bis ans kühle Grab
Den Roten wie den Weißen.

2.

Es liegt die Welt voll Sonnenschein,
Die grünen Wälder winken.
Wir wolln in einem guten Wein
All unser Leid vertrinken.

Der Wein erfrischt das alte Mark,
Trink nun den Wunderkühlen!
Du wirst dich wie ein Simson stark
In deinen Knochen fühlen.

3.

Du blondgelockter Kleiner,
Geh, sage deinem Herrn:
Ein Fläschlein Nierensteiner,
Den tränk ich gar zu gern.

Du bist ein schönes Kind,
Du blondgelockter Kleiner –

Geh, hole mir geschwind
Ein Fläschlein Nierensteiner!

4.

Die Sonnenrosse lenken
Schon in das Meer hinein –
Wie wär es, wenn wir tränken
Einen guten, kühlen Wein?

Den weißlichen vom Ätna,
Den dunklen von Bordeaux;
Sprecht! Oder seid ihr etwa
Bei rheinischem Weine froh?

5.

Ich bin noch gar so jung
Und liebe schon den Trunk.
O heiliger Sankt Peter,
Was wird aus mir erst später,
Was wird aus mir erst werden, ach,
Wohl über Jahr und Tag!

6.

Spräch einer jetzt: »Mein Sohn,
Wir geben dir zum Lohn
Venedig und Milano –
Treibst du den Trunk piano!«
Ich spräche: »Gottes Wunder, nein,
Bringt mir 'ne Kanne Wein!«

7.

Das Werthchen, das grüne Eiland,
Das liegt im Rhein, bei der Stadt,
Das kennt wohl jeder, der weiland
Zu Köln geliebet hat.

Dort saßen wir oft und lallten
Viel fromme Abendgesäng;
Die Domesglocken schallten
Herüber mit ernstem Geklang.

Die vollen Römer blickten
Smaragdenen Augs uns an;
Die kölnischen Banner nickten
Von Türmen und Altan.

Die kölnischen Banner winken
Mit rot und weißem Schein,
Und die Leute in Köln, die trinken
Viel roten und weißen Wein.

8.

In lauen Sommernächten,
Wo alles wundersam,
Da war es, daß wir zechten
Bis daß der Morgen kam.
Ein Wetterleuchten zuckte
Bisweilen übern Rhein;
Das stille Mondlicht blickte
In unsre Becher hinein.

Es sang mit süßem Schalle
Im tiefen Stromestal
Die schöne Nachtigalle
Von ihrer Liebesqual.

Und um die Berge flogen
Die Nebel wunderbar:
Als käme angezogen
Eine luftige Geisterschar.

Die Lindenzweige rauschten
Um unsern Tisch herum:
Wir horchten und wir lauschten
Und wurden still und stumm.
Wohl halb im Traume blickten
Wir in den grünen Rhein;
Und bückten uns und nickten
Und schlummerten endlich ein.

9.

Der Wein ist mein Vergnügen!
Ich wollt, das ganze Meer
Wär Wein und ich ein Walfisch,
Der schwömme drüber her.

Die Berge, Felsen, Inseln,
Die säuselten sich voll
Des kühlen Tranks und würden
All miteinander toll,

Und fingen an zu tanzen
In ihrer großen Kraft:
Der Nordpol und der Südpol,
Die tränken Bruderschaft.

In langen Zügen schlürfte
Die Sonne aus der Flut,
Verlöre die Balance
Und jagte fort in Wut,

Ergriffe bei den Schultern
Den alten Uranus,
Zu einem Riesenwalzer
Erhöben sie den Fuß.

Kometen, Monde, Sterne,
Die flögen hinterdrein –
Das würd am andern Tage
Ein Katzenjammer sein!

10.

Sei still, du sollst nicht traurig sein!
Ich laß die Saiten klingen,
Ich will von Brandeliedelein
Und Parzival dir singen.

Ich will dir bis um Mitternacht
In bunt phantast'schen Bildern
Entfernter Länder Lust und Pracht
Und grüne Meere schildern.

Ich führe dich durchs Hügelland
Hinaus zum blauen Strome,
Wo Burgen ragen übern Strand
Und steingehaune Dome.

Zur Alpe, wo der Adler kreist,
Dem Tannenforst entstiegen,
Zur Stadt, die man Venedig heißt,
Wo pracht'ge Gondeln liegen.

Ich zeige dir im Mondenstrahl
Die Inseln der Hellenen;
Ich will dich mit ins Blumental
Zu frommen Völkern nehmen.

Du sollst dich wiegen auf der Flut
Mit einem schönen Schwane,
Du sollst dich sonnen in der Glut
Erzitternder Vulkane.

Ich will im düstern Lorbeerwald
Das Grab der Dichter sprengen,
Daß die Provence widerhallt
Von tönenden Gesängen.

Du sollst die ew'ge Roma sehn,
Mit Tempeln wild zerrissen;
Du sollst hoch in den Pyrenän
Ein spanisch Mädchen küssen!

Und willst du dennoch traurig sein?
Wohlan, du deutsch Gemüte,
So nimm doch diesen Becher Wein
Und diese Rosenblüte!

11.

O Friederich! O Friederich!
Ich war erstaunlich liederlich.
Im rötlichen Wein ist alles verschlemmt,
Der Rock, die Hose, der Hut und das Hemd.

Doch fröhlich bin ich und wunderkühn,
Da nun am Strande die Rosen blühn.
Ich springe hinab in den grünen Strom
Und schwimme vorüber an Burg und Dom.

Ein schmucker Delphin kommt eben daher,
Er trägt mich hinunter ins stille Meer.
Gen Westen ist unser Zug gewandt:
Gott grüße dich, schönes Engelland!

Gott grüße dich, Spanien und Portugal!
Ich fliege dahin auf der Wogen Schwall.
Die Nixe singt und der Haifisch springt,
Ein Möwenlied in den Lüften erklingt.

Dort steigen die grünen Inseln herauf,
Dort nehmen mich freundliche Völker auf.
Und König werd ich zur selbigen Stund,
Dieweil ich am meisten vertrinken kunnt.

Nun seufz ich nicht länger – ich säufe nur,
Mein Minister ist ein Mundschenke nur,
Mein Geheimrat singt wie die Nachtigall –
Und wild wächst der Wein im Gebirg und im Tal.

Wie mag es da drüben in Deutschland sein?
Ach Bruder, grüße die Deutschen fein.
Ach grüße mir jeden, der mich kennt,
Und jeden schönen deutschen Student.

12.

Auf meiner Lippe brennend Rot
Blüht nun die fürchterlichste Not,
Da blüht wie auf verdorrter Flur
Das bittre Kraut des Durstes nur.

Zwar hab ich frühe schon und spät
Versucht, was mich kurieren tät:
Liebfrauenmilch genoß ich schon
Als neugeborner junger Sohn.

Und frischte drauf den trocknen Schlund
Mit Wein aus Spanien und Burgund.
Ja mehr des goldnen Weins ich trank,
Als Regen auf die Felder sank,

Als Wasser einst im Meere floß,
Drin Pharao mit Mann und Roß
Zugrunde ging! Ja Wein soviel,
Als Wasser übern Rheinfall fiel! –

Doch immer, wie zu alter Zeit,
Plagt mich dasselbe Kreuz und Leid;
Es stachelt mich des Durstes Dolch,
Als bissen Schlangen mich und Molch.

Und preßtet ihr am ganzen Rhein
All Trauben in ein Faß hinein:
Ich tränk es aus auf einen Zug –
Und hätt noch immer nicht genug.

Und nähmt ihr aus dem ew'gen Rom
Die Kuppel von Sankt Petri Dom
Und fülltet sie mit rotem Wein –
Der Becher wär mir noch zu klein!

Drum hab ich lange schon gesagt:
O schrecklich, wen das Dürsten plagt!
Er ist wie ein verlaßnes Kind,
Das nirgends Ruh und Freude find't.

13.

Zu Feste lief ich wohl
Von hier bis nach Tirol,
Ich lief drei Meilen weiter,
Ich liefe froh und heiter
Für eine Kanne Wein
Bis in den Mond hinein.

Wär ich ein hohes Tier
Und hörte alles mir,
Und tät in meinen Reichen

Die Sonne nie erbleichen –
Gerät' am Rhein die Rebe nicht,
Ich war ein armer Wicht.

14.

Ich mag nicht räsonieren
Ins Dunkelblaue hinein!
Viel lieber will ich probieren
Einen kühlenden Abendwein.

Zwar vor den Herrn Gelahrten,
Da habe ich großen Respekt,
Sie haben schon manche Arten
Geschichten ausgeheckt.

Auch habe ich stets gefunden:
Den Schelling, Hegel, Kant,
Die hat man immer gebunden
In einen Schweinslederband.

Man sagt, daß dies eine Ehre
Für Menschenkinder sei –
Drum, wenn der Wein nicht wäre,
Da studiert ich Philosophei!

15.

Herr König, Ihr, in Gold und Samt,
Ihr seid ein hochgepreister!
Sagt, habt Ihr nicht ein kleines Amt
Als Obertrinkemeister?

Studieren tät ich manches Jahr
Am Neckar und am Rheine
Und an der Mosel und der Ahr
In rot und weißem Weine.

Beim Löwenwirte an der Lahn
Und seiner schönen Schwester
Hab ich mein Geld und Gut vertan
Und blieb dort zwölf Semester!

Bis mein Examen kam heran –
Da war Herr Hans gar fleißig:
Der Fässer größtes stach er an
Vom Jahre vierunddreißig.

Aus allen Schenken nah und fern
Erschienen vor den Toren
Der Fakultät gelahrte Herrn
Und spitzten ihre Ohren.

Und ich dozierte blitzgeschwind
Und wies vor allen Dingen,
Daß Kölner Schoppen kleiner sind
Als die zu Mainz und Bingen,

Und daß hier Simrock, der Poet,
Als Winzer auch zu schauen,
Wenn er zum Menzenberge geht,
Sein Drachenblut zu bauen. –

Mein römisch Glas, so hell und rein,
So grün und bunt gekräuselt,
Erhub ein besseres Latein
Als Cicero gesäuselt.

Da schrieb man mein Diploma gut
Auf Pergament und Leder
Und steckte auf den Doktorhut
Mir eine Pfauenfeder.

Die Bauern aus dem Binger Loch
Hab ich zum Schmaus genommen;

Doch bin ich, leider, nimmer noch
Auf grünen Zweig gekommen.

Drum König, Ihr, in Gold und Samt,
Ihr hoch und sehr gepreister,
Sagt, habt Ihr nicht ein kleines Amt
Als Obertrinkemeister?

Gebt mir, soviel ein ehrlich Mann
Mit Würde weiß zu fassen,
Und habt Ihr keine Lust – wohlan,
So mögt Ihr's bleiben lassen.

16.

Es sehnt sich meine Seele
Nach einem kühlen Trunk.
Den besten, den ich wähle,
Der ist nur gut genung.
Er steht so schön im Glase
Und gibt so lichten Schein,
Wie Morgentau im Grase,
Wie Rosen auf dem Rain.

Ich fange an zu singen
Vom König Salomo,
Vom Fürst zu Flachsenfingen –
Und bin in dubio,
Ob nicht die blühnde Rebe
So jugendlich und hold
Viel besser sei als Stäbe
Von Silber und von Gold;

Ob man in jenen Welten,
Sind wir nicht fromm gewest,
Das Böse zu vergelten
Uns schrecklich dürsten läßt;

Ob oder arme Seelen
Man zu erfreuen denkt
Und die erschlafften Kehlen
Mit Geisenheimer tränkt?

Ich weiß nicht – und es kümmert
Mich wenig auch; wenn gut
Nur meine Flasche schimmert,
Da bin ich hochgemut.
Da ist zum Paradeise
Mir rings die Welt erblüht,
Da sing ich leise, leise
Ein alt verschollen Lied.

17.

Und als ich einst am frühen Tag
Den großen Henkelkrug zerbrach:
Da ist der Wein geflossen
Wohl in die duftigen Sprossen.
Da tranken die Blumen groß und klein
Von meinem kühlen Klosterwein.

Da kamen Schmetterlinge bunt
Herüber aus dem Wiesengrund.
Da kamen lust'ge Fliegen,
Die täten im Kreise liegen,
Im Kreise wohl bis zum Abendschein
Bei meinem kühlen Klosterwein.

Da wurde mancher Trunk getan,
Da hub der Maienkäfer an:
»Mir ist so wohl zumute,
Als ob ich auf Lilien ruhte,
Als blühte schöner die Seele mein
Von diesem kühlen Klosterwein.«

Da sprach die Bienenkönigin:
»Wie ist so lind mein hoher Sinn!
Komm her, daß ich dich drücke,
Komm her, verliebte Mücke,
Komm her, wir tanzen den Ringelreihn
Wohl um den kühlen Klosterwein!«

Da war besäuselt gar und ganz
Der jugendliche Schwalbenschwanz,
Er strich wohl durch die Moose:
»Zieht aus mir Mantel und Hose,
Ich habe getrunken zu großer Pein
Von diesem kühlen Klosterwein!«

Die Bremse war schon hoch betagt,
Sie hat kein einzig Wort gesagt,
Sie klagt' um ihre Tugend
Und die verlorene Jugend.
Sie hat sich ersäufet so stumm, allein
Tief in dem kühlen Klosterwein!

Und stille ward es rings umher,
Kein Jubeln und kein Singen mehr.
Es kam die Nacht geschritten,
Die Bremse hat ausgelitten.
Sie starb und rief in das Tal hinein:
»Leb wohl, du kühler Klosterwein!«

18.

Ich ließ das Roß zu Tale lenken,
Da traf ich zwei Gesellen fein,
Das war in einer alten Schenken
Der rote und der weiße Wein.

Sie sahn mich an aus großen Krügen,
Wie Gold und Rosen schauten sie.

Mein Herz empfand ein still Vergnügen,
Mir ward, ich wußte selbst nicht wie.

Kaum sah ich hell den Weißen funkeln,
Da half kein Bitten und kein Flehn.
Und sah ich, ach, den Roten, Dunkeln –
Da war es gleich um mich geschehn!

Wollt wandern ich am Morgen gerne:
Sah mich der Rote lockend an.
Und wollt ich ziehn beim Glanz der Sterne –
Hatt's mir der Weiße angetan!

Mir war's, zwei tolle Teufel zwackten,
Der ein am Bart mich armen Tropf,
Indes des andern Fäuste packten
Und zögen mich an meinem Zopf.

Sie zogen mich von Nacht bis Morgen,
Zwackten von Woche mich zu Mond:
Und Jahr und Tag hab ich verborgen
Bei den Gesellen schon gewohnt.

Nun oft, wenn in den Lindenbäumen
Der stille Mond spazierengeht:
Da ist's, daß mir ein seltsam Träumen
Leis schauernd durch die Seele weht.

Da träum ich wohl: die alte Schenke,
Die würde endlich still und leer –
Sie brach zusammen – und ich tränke
Wohl nimmer Oberingelheimer mehr.

19.

Gott grüß dich, alte Schenke,
Mit deinem runden Schild!
O gib ein gut Getränke,
Das meinen Kummer stillt.
O gib vom selben Weine,
den ich in Lust und Not
Wohl trank beim Abendscheine
Mit Freunden, die nun tot.

Da draußen stand die Erle
Und schlug ans Fenster leis;
Hier innen stieg die Perle
Im Glase silberweiß.
Und ringsumher Gesichter,
So lieb und wohlbekannt:
Der alte Friedensrichter
Saß oben an der Wand

In rotgeblümter Weste –
Ich mein, ich säh ihn noch,
Wenn er die andren Gäste
So fürchterlich belog,
Wenn er vom letzten Kriege
Erzählte wie ein Buch
Und fluchend nach 'ner Fliege
Mit beiden Fäusten schlug.

Ganz nah an seiner Seite,
Die Brille auf der Nas,
Der wunderbar gescheite
Magister loci saß.
In Heidelberg studiert' er
Philosophie und Jus,
Und sonderlich zitiert' er
Den Jobs und Tacitus.

Es lärmt' und schrie so heiser
Der dünne Advokat,
Die Kön'ge und die Kaiser
In Acht und Bann er tat.
Mit seinem Ziegenhainer
Hätt er sie gern entthront,
Auch hat den Nierensteiner
Er nimmermehr geschont.

Er trank – nur einer fand sich,
Der schärfer trank als er:
Trank er der Schoppen zwanzig –
Der Küster trank noch mehr!
Mit würdevollen Mienen
Sah er ins Glas hinein,
Wie Schimmer von Rubinen
War seiner Wangen Schein,

Und seine Stimme tönte
So schauerlichen Baß,
Als ob im Keller dröhnte
Ein altes Mutterfaß,
Als ob die Orgeln brummten
In aller Christenheit –
Wir staunten und verstummten
Für eine lange Zeit.

Und jedem Herzen bangte,
Bis daß der Musikant
Die braune Geige langte
Hernieder von der Wand.
Er strich die glatten Saiten,
Er strich sie hell und rein;
Wir täten ihn begleiten
Mit einem Chorus fein.

So war es einst! – Gekommen
Ist nun der Winter kalt,
Hat Blum' und Blut genommen
Aus Wiesen, Berg und Wald.
Verschwunden und vergessen
Sind, ach, für immerdar,
Die fröhlich hier gesessen
Manch langes liebes Jahr;

Die einst in Lust geschwommen
Und großer Freudigkeit,
Wenn da ins Land gekommen
Die Krammetsvögelzeit;
Die im gewölbten Saale
Erhuben Klang und Sang,
Wenn man zum ersten Male
Den neuen Weißen trank;

Die sich zusammenfanden
An Sankt Martini Tag,
Wenn man in allen Landen
Die Gans zu essen pflag;
Die nie nach Hause kamen,
Als wenn sie still entzückt
Und auch in Gottes Namen
Einen Rausch darauf gedrückt.

Was mag es doch bedeuten,
Mein Herz ist so voll Gram?
Die Abendglocken läuten
Da draußen wundersam.
Ich sah den Mond erscheinen,
Der durch die Wolken bricht,
Und weiß nicht, soll ich weinen,
Oder wein ich lieber nicht?

Drum hurtig zugegossen!
Ein überschäumend Glas:
Den seligen Genossen,
Euch Toten bring ich das!
Bis in die Gräber rauschet
Wohl dieser volle Klang:
Ihr fahrt empor und lauschet
Und winket: »Habe Dank!« 80

Die Schenke

Mein Herz, des Sanges schier entwöhnet,
Schlägt jetzt von neuem wild und heiß.
Drum auf, ihr Saiten, klingt und tönet!
Ich singe einer Schenke Preis!

Dort ragt sie aus den Waldestannen
Und zeigt den Leu auf rundem Schild,
Dazu drei Krüge und drei Kannen
Und auch ein Sprüchlein fromm und mild.

Es ist der Schenken allerbeste!
Und Löwenburg wird sie genannt.
Kommt, tretet ein, seid meine Gäste,
Hier ist der beste Wein im Land!

Seht dort die Wirtin – schon von ferne
Winkt sie mit einem vollen Glas;
Ein lieblich Mahl bringt sie uns gerne
Und zapft aus einem neuen Faß!

Sie ist mir äußerst wohlgewogen,
Dieweil ich neulich klug und schlau
Ihr in das Angesicht gelogen,
Sie sei die wunderschönste Frau!

Geht ihr nun jubelnd durch die Türe,
Seht, daß der Töchter keine flieh;
Meintwegen küßt sie – ich erküre
Mir stets die liebliche Marie!

Denn Augen hat sie wie zwei Trauben
So dunkel – ist so schüchtern noch;
Den Kuß will nimmer sie erlauben –
Was tut's? Man kommt und küßt sie doch!

Wer widerstände auch der Schönen,
Wenn sie den vollen Becher bringt,
Wenn sie zu ihrer Harfe Tönen
Ein Lied mit heller Stimme singt?

Die Gäste lauschen in die Runde;
Denn alle Herzen singt sie wach!
Jetzt schweigt sie – und von Mund zu Munde
Schallt wild die letzte Strophe nach!

Doch nun, o Lied, mit frischem Tone,
Erkling aufs neu! Ihr Saiten, schwirrt!
Es kommt des Hauses Zier und Krone,
Der unvergleichlich dicke Wirt!

Er kommt! er kommt! mit prallen Lenden,
Er hat ein Bäuchlein wie ein Faß,
Sein Weib und sieben Kinder fänden,
Tät's Not, mitsamt darin Gelaß!

Sein rotes Antlitz scheint zu sagen:
»Mir war so mancher Wein gegönnt,
Daß er zusammen mit Behagen
Drei Königreich ersäufen könnt!«

Stolz ist er drauf, sein Weib zu führen
Am Sonntag in die Kirch hinein,
Doch bleibt er selber vor der Türen –
Für seinen Bauch ist sie zu klein!

Tut ihm der Tod dereinst mal winken,
Glaubt mir, er fährt gen Himmel nicht!
Er wird zurück zur Erde sinken –
Dieweil er ein zu groß Gewicht!

So kennt ihr nun die ganze Schenke,
Ihr kennt den Wirt mit Weib und Kind –

Und Pfalzwein ist ein gut Getränke,
Streicht übern Rhein der Morgenwind!

An Köln

O Köln, du große Freudenstadt,
Was sag ich noch zu deinem Ruhme?
Wie du geblüht im grauen Altertume,
So blühst du noch – die schönste Blume,
Die je geblühet hat!

Dich preis ich, Königin, allein!
Der hohe Dom ist deine Krone!
Ha! wie es rauscht an deinem Uferthrone!
Die Völker bringt dir, jeder Zone,
Der rebengrüne Rhein.

Frohlockend grüßt dich ihr Gesang;
Und rascher schlägt den Schaum der Wellen
Der Schiffer, wenn in Tönen, wunderhellen,
Herab von Kirchen und Kapellen
Erklingt der Glocken Klang;

Wenn in der Abendsonne Strahl
Die buntbemalten Fenster sprühen,
Wenn rings die alten Gotenbögen glühen
Wie Laubgewinde, die erblühen
Mit Rosen ohne Zahl.

Still schreit ich durch das graue Tor,
Dran hoch hinauf die Linden ragen;
Und prächtig steigt der Glanz aus fernen Tagen,
Der ganze Zauber deiner Sagen
Vor meinem Geist empor!

Hier ist's, wo Agrippinens Haar
Sich lockig um die Schläfen drückte,
Wo Karl Martell vom Kapitole blickte
Und wo das Schwert, das blut'ge, zückte
Durch der Normannen Schar!

Hier rief zu deiner Bürger Krieg
Das Horn in schauerlichen Klängen;
Hier sah man Panzer gegen Panzer drängen
Und deinen Overstolzen sprengen
Zum Tode und zum Sieg!

Hier schuf der Maler rüst'ge Hand
Ein Heer von schimmernden Gestalten;
Und dort sah man um Mitternacht den alten
Albertus Magnus Wache halten
Ob staub'gem Foliant!

Das war vordem! Auf ihr Gebein
Ist längst der Grabesstein gesunken.
Dein Banner weht daran; und freudetrunken
Sah ich erglühn eilf goldne Funken
Und dreier Kronen Schein!

So hat es einst auf langer Fahrt
Gewallt von deiner Hansa Masten,
Wenn Stürme wild die weißen Segel faßten
Und drauf in Golfen kam zu rasten
Die Flotte, bunt geschart.

Es sah die Welt zu ew'gem Ruhm
Stets deine Bürger es geleiten;
Drum, wie die Jahre wild verheerend schreiten,
Du stehest da, zu allen Zeiten
Ein schönes Heiligtum:

Wo Freiheit noch die Herzen schwellt
Und kühne Männer noch zu schauen;
Wo noch im Glanz von Augen, schwarz und blauen,
Die Schar der minniglichen Frauen
An echter Treue hält!

Ich singe noch; da lischt im Strom
Das Abendglühn. Um die verwehten
Kirchtürme schon die dunklen Schatten treten;
Ich eile, eh es Nacht, zu beten
In deinem hohen Dom!

Der Wein ist nicht geraten

Was hab ich doch vernommen
Für große Traurigkeit!
Es ist ins Land gekommen
Gar eine schlimme Zeit!
Der Wein ist nicht geraten
An Mosel, Rhein und Lahn,
Und was die Winzer taten,
Das ist umsonst getan!

Es pflanzte seine Reben
Ein jeder nett und fein;
Er dachte: Gott wird geben
Den lichten Sonnenschein,
Der fern die Wolke lenket,
Daß sie sich rauschend senkt,
Auch unsrer Hügel denket
Und frischen Tau uns schenkt.

Und oft zur Morgenstunde –
Kam Mai und Juni drauf –
Die irdne Pfeif im Munde,
Stieg er den Berg hinauf;

Und froh war sein Gemüte,
Wenn von der Felsenwand
Die erste junge Blüte
Den süßen Duft gesandt,

Wenn sich zu voller Traube
Die Beeren angesetzt
Und in dem grünen Laube
Ein Schimmern war zuletzt:
Als säh man herrlich prangen
Des Goldes hellen Schein,
Als wär der Berg behangen
Rings mit Rubinenstein!

»Gott ist mir gut gewesen!«
So klang des Winzers Lied;
»Bald werd ich lustig lesen,
Was mir der Herr beschied!
Ein schöner Erntemorgen
Bricht in den Dörfern an,
Vorbei nun Gram und Sorgen,
Ich bin ein froher Mann!«

Er sprach's. Da zog mit Stürmen
Der kalte Herbst daher:
Er sah die Wolken türmen
Sich rings so regenschwer.
Verschwunden ist sein Hoffen!
Das kurze Glück ist aus!
Von hartem Schlag getroffen
Geht weinend er nach Haus!

Du wirst die Hände legen
Nicht an die Kelter dein!
Nun träuft des Weines Segen
Nicht in dein Faß hinein!
Du wirst kein Lied mehr singen!

Kein Brot und wärmend Kleid
Wirst du den Kindern bringen,
Ist alles rings verschneit!

Drum, die ihr in den Städten
Nach vollen Schüsseln langt,
Die ihr mit güldnen Ketten,
Mit Kreuz und Sternen prangt,
Die ihr den Nierensteiner
Im tiefen Keller habt
Und oft mit Ingelheimer
Die durst'gen Kehlen labt,

Die ihr im schmucken Saale
Aus grünen Römern zecht,
Des Morgens Speciale,
Am Abend Schoppen stecht,
Die ihr bei Lust und Scherzen
Verjubelt Nacht auf Nacht –
Denkt, daß mit schwerem Herzen
Manch armer Winzer wacht!

Denkt, daß zu allen Tagen,
Denkt, daß bei uns von je
Man immer hörte sagen:
»Nur Wohl und Keinem Weh!«
Und laßt das Scherflein springen
So lustig an den Rhein,
Wie ich dies Lied tät singen
Frei in die Welt hinein!

Das Nackte

Kalt bleibt dein Sinn, kalt bleibt dein bestes Streben,
Du gleichst dem Wurme, der verlassen wühlt –
Beglückt nur, wer ein warmes Menschenleben
Mit seinen beiden Armen einst gefühlt!
An dessen Herz ein ander Herz geschlagen,
An dessen Haupt ein ander Haupt gelehnt,
Der von dem Strom der Liebe fortgetragen
Zum Meere der Erfüllung sich gesehnt.

Der Strom der Liebe wiegt auf blauen Wellen
Vorüber dich an blumenreichem Strand;
Die Rose grüßt den stürmischen Gesellen,
Ihm nickt die Rebe von der Felsenwand.
Doch weiter eilst du, bis gewalt'gen Flusses
Der Ozean vor deinen Augen blinkt,
Bis jauchzend im Orkane des Genusses
Dein Herz vernichtet in die Wogen sinkt.

Das ist die Taufe, draus ein neues Wesen
Beglückt entwandelt zu der Sonne Strahl.
Zum Liebling hat dich die Natur erlesen,
Ein ganzer Mensch warst du zum ersten Mal.
Der Augenblick, der Alles dir erschlossen,
Er ist's, er stempelt dich sofort zum Mann;
Aus der Umarmung ist dir frisch entsprossen,
Worauf die Keuschheit tausend Jahre sann!

Der das Erhabenste zu meißeln dachte,
Dem weisen Griechen, ihm gelang es nur:
Als ihm der Nacktheit süßer Zauber lachte,
Die Fülle der entschleierten Natur.
Und wie das Bild, dem Marmor losgewunden,
So strahlt der Meister auch durch alle Zeit,

Der Göttliches im Menschen nur gefunden
Und Sitte nur in reiner Sinnlichkeit.

Das oft geweint mit weinenden Madonnen,
Ein Auge, das durchflog der Dome Chor:
Es mag sich freudig auch im Glanze sonnen
Des Heitern und der Reize frischem Flor.
Was bei der Nacht geheimnisvoller Feier
Dein Gott, dein Leben und dein Liebstes war:
Laß es beseelen Meißel auch und Leier
Und sich gestalten nackt und frei und klar.

Zum Schatten wandelt es das beste Leben,
Es hat den kühnsten Adler schon gelähmt,
Wenn sich die Kraft in ihrem vollsten Streben
Erzitternd der Natürlichkeit geschämt.
Wie die Natur in ihrer ew'gen Schöne,
In edler Nacktheit schimmert nur allein,
So mögen ihre Töchter auch und Söhne
Nicht fürchten, sinnlich, wie sie sind, zu sein.

Freund Lenz

Aus fernen Wolken braust ein dumpfer Ton.
Die Donner sind es, so der Welt verkünden,
Daß wieder der Natur geliebter Sohn,
Der Frühling, wandelt zu der Erde Gründen.
Bei andern Völkern hat er lang geweilt,
Da war's, daß jüngst die Kunde ihn ereilt,
Wir hier im Norden trügen heiß Verlangen,
Aufs neu zu schauen seiner Blüte Prangen.

Er kommt. Und aus des Südens frohen Talen,
Wo träumend er im Lorbeerwalde lag,
Wo er zum Fest bei glutgefüllten Schalen
Des Myrtenhaines vollste Kränze brach,

Wo mit dem Zephir er die Wangen kühlte
Und buhlerisch in schwarzen Locken wühlte –
Fern aus dem Süden hat er alle Pracht
Herauf jetzt in den Norden uns gebracht.

Er setzt sich lächelnd auf die Hügel hin –
Da weht ein Duften rings durch Fels und Auen,
Zum Forste lustig Falk und Taube ziehn,
Und Knospen rötlich aus den Gärten schauen.
Der Bäche Lauf schmückt er mit lichtem Samt,
Es blitzt der Tau, hellauf die Sonne flammt –
Und nieder steigt er von den Hügelthronen
Hinab zum Tale, wo die Menschen wohnen

Mit ihrer Lust, mit ihrem bittern Leid,
Mit ihren Freuden, ach, und ihren Tränen,
Mit all dem Ringen, all dem herben Streit,
Mit all dem Hoffen, all dem stillen Sehnen.
Er ist's, der in des Armen Hütte schaut,
Der zu ihm spricht, wenn kaum der Morgen graut:
»Getrost, wie deine Freuden auch zerstieben,
Dir Armen ist der Lenz noch treu geblieben!

Hinaus! Durch meine Blumen sollst du schreiten,
Ich labe dich mit meiner Wälder Grün,
Durch Busch und Wiese will ich dich geleiten
Den Berg hinan, wo meine Rosen glühn.
Ich zeige dir, wie nieder zu den Flächen
Befreit die Ströme ihre Bahnen brechen,
Und wie der Nacht erblüht der Sterne Schein,
Zieh ich, der Lenz, in deine Seele ein!

Ich küsse deiner Kinder müde Stirnen,
Ob all ihr Glanz verloschen und verstaubt;
Ich will gleich der Lawine von den Firnen
Wälzen den Gram von ihrer Mutter Haupt.
Und Feuer menge ich mit deinem Blute,

Daß bald die Hand, die nur am Pfluge ruhte,
Zum Schwerte greift und ringend im Gefecht
Von Schmach befreit ein unterdrückt Geschlecht!«

Die Natur

Natur, mit deinen strahlenden Kolossen,
Die du die Ewigkeit zur Dauer nahmst:
Nur zur Vollendung bist du erst ersprossen,
Seit du im Menschen zum Bewußtsein kamst,
Im Menschen nur, des stürmende Gedanken
Der Freiheit wunderbarstes Gut geraubt,
Der auf den Trümmern jetzt von Trug und Schranken,
Sein eigner Gott, an dich, an sich nur glaubt.

Wohl mag sein Auge keck den Himmel fragen,
Wenn Sonn an Sonne wirbelnd sich bewegt:
»Ihr andern Welten, habt ihr je getragen
Ein solches Kleinod, wie die Erde trägt?
Trugt Menschen ihr, die trotz der grausen Zweifel,
Die wild zersplittert ihre beste Kraft,
Doch stets zum Kampfe mit dem alten Teufel,
Dem Wahne, kühn zusammen sich gerafft?

Und die gesiegt!« – Wohlan, Sieg und Triumphe
Laßt schmettern eurer Krieger vollsten Chor!
Es trug der Mensch aus tausendjähr'gem Sumpfe
Die Freiheit jubelnd an das Licht empor.
Was frühe Völker ahnend vorempfunden,
Er freut sich dessen in bacchant'scher Lust;
Er hat den größten Riesen überwunden,
Vertilgt den Zweifel seiner eignen Brust!

Der einst dem Feuer seine Kniee beugte,
Der Hekatomben opfernd niederschlug,
Der einen Gott auf Sinai erzeugte –

Triumph! – der hat jetzt an sich selbst genug!
Und wie der Kranich liebt die Wolkenbahnen,
Und wie der Löwe liebt der Wüste Spur:
So liebt der Mensch die Fluren seiner Ahnen
Und weilt entzückt auf seiner Erde nur.

Ob Millionen wandeln auch im Dunkeln –
Das Jahr entrollt! – Es leuchtet sonder Wahl
Der Stern der neuen Zeit, hell wird er funkeln
Auch *ihren* Seelen mit gewalt'gem Strahl.
Die Priester dieser Tage fordern Knechte
Und Sklaven nicht – sie fordern laut und frei,
Daß jeder, treu dem angestammten Rechte,
Hinfort ein Mensch mit freien Menschen sei.

Vernunft und Wahnsinn

Dem Morgen träumt nicht, was der Abend bringt,
Wenn lächelnd wohl aus rosenrotem Osten
Sein erster Strahl durch Wald und Fluren dringt,
Des Taues frische Perlensaat zu kosten,
Wenn ihr Erwachen hell die Amsel preist
Und Hirsche wandeln zu des Tales Bronnen,
Wenn um die Gletscher still der Adler kreist,
Sich in der Frühe heil'gem Licht zu sonnen.

Blau schaut die Blume aus des Feldes Garben,
Auf Moor und Weiher schwankt des Schilfes Kranz.
Es fließt der Strom in Regenbogenfarben
Zum Meere, wiegend seiner Wellen Tanz.
Und rauschend im gewalt'gen Wogenliede
Dehnt unabsehbar sich die grüne Flut –
Und Freude nur und wundervoller Friede
Auf Festland, Insel und Gewässern ruht.

Doch wie zum Mittag wandelt sich der Morgen,
Hüllt sich in Schleier auch des Tages Pracht.
Was einer frühen Stunde tief verborgen,
Es bricht herein mit Angst und Graus und Nacht.
Der Himmel tönt von rasselnden Gewittern,
Die Erde zuckt und birst zu jähem Spalt,
Und heulend über Fels und Eichensplittern
Der Sturm entfesselt seine Bahnen wallt.

Es rast die Brandung an zerfetzten Küsten,
Und Dunkel herrscht, bis aus entwölkten Höhn,
Als ob sie nichts von Sturm und Wetter wüßten,
Die Sterne ruhig strahlend niedersehn.
Und die vom Staub bis auf zum Firmamente
Gewälzt sich mit dämonischer Gewalt:
Sie schlummern dann, die starken Elemente,
Bis sie ein neuer Kampf zusammenballt.

So ewiglich, mit wechselndem Gestalten,
Sklavischen Laufes rollt und kreist das All!
Nicht schöner mag sich die Natur entfalten,
Noch wenden sich als zu gewohntem Fall.
Die Welt und Welten aneinander bannte
Mit unerbittlicher Notwendigkeit:
Nur in den Geistern ihrer Menschen brannte
Sie fort zu schrankenloser Herrlichkeit!

Seit von der Lippe greiser Patriarchen
Der Weisheit blumenreiche Rede floß,
Bis wo die Schädel stürzender Monarchen
Zerstampft der Freiheit jugendliches Roß:
Hat die Natur mit ihrer Donnerstimme
Gesungen stets den mahnenden Gesang,
Daß jeder folge seinem Gram und Grimme
Wie seines Herzens liebevollem Drang.

Die gleich der Möwe keck die See umschwanken,
Die gleich der Schwalbe ihre Heimat baun,
Die gleich der Wolke blitzen den Gedanken
Und gleich dem Falken forschend niederschaun;
Die sich mit Palmen über Hügeln wiegen,
Mit Rosen träumen auf bemooster Flur,
Die gleich dem Tiger ziehn von Krieg zu Kriegen –
Sie sollten folgen *ihrem* Innern nur!

In gleicher Schönheit flammten durch die Zeiten
Des Raumes Wunder; nur zu höherm Flug
Mocht seines Geistes ries'ge Schwingen breiten
Der Mensch, der alle Kraft im Busen trug,
Der, ob er knechtisch sich im Staube wühlte
Und zitternd sich vor Thron und Altarwand –
Doch wieder keck mit seinen Göttern spielte
Und freier nur und herrlicher erstand!

Der eignen Brust ist Freud und Leid entsprungen;
Vernunft und Wahnsinn! Schon jahrtausendlang
Hat dieses fürchterliche Paar gerungen,
Den Kampf gewälzt vom Auf- zum Niedergang.
Es weht der Staub zermalmter Nationen
In düstern Massen auf von ihrem Pfad;
Und ob sie ruhig beieinander wohnen –
Sie rasten nur zu neuer, größrer Tat!

In Ost und West ein reges Völkerleben,
Vom Meere schallt's bis zu der Wüste Saum.
Das ist ein Ringen, Schaffen nur und Streben
Auf Feldern, Gassen und der Märkte Raum.
Und kommt der Morgen sacht herangeschritten:
Da scheint's, nur Segen schmücke rings das Land,
Als schaue Liebe süß aus hundert Hütten,
Als herrsche rings nur ordnender Verstand. –

Wohl mag die Blume außen üppig winken,
In ihrem Herzen wohnt nur Angst und Qual!
Wie einst muß heute noch der Weise trinken
Des Wahnsinns giftdurchfluteten Pokal.
Mit Blute leimen sie ihr Werk zusammen,
Die satt durchtaumeln Tempel und Palast;
Die Armut röchelt Wimmern und Verdammen,
Und wild die Lust aus goldnen Schüsseln praßt!

Doch wie der Wahnsinn, folgend seinem Rechte,
Sinnlos mag rasen – so durch alle Welt
Hat die Vernunft ihr Recht, daß sie die Nächte
Des Wahnsinns funkenstiebend auch erhellt,
Daß, eine Löwin, sie die Glieder schüttelt
Und wieder naht in drohender Gestalt,
Daß sie den Wahnsinn aus den Fugen rüttelt
Und über Trümmer fort zum Siege wallt!

Vernichtet wird der Wahn zu Boden rollen,
Der mit Gewalt und schmeichelndem Geschwätz
Gebeut, daß Alle Einem folgen sollen,
Der Schranken schafft und Regeln und Gesetz,
Der seine Liebe macht zu Aller Liebe
Und seinen Haß zum Hasse Aller nur,
Der sie vergleicht, die menschlich freien Triebe,
Der Elemente sklavischen Natur! –

Der Erde goldner Morgen ist verronnen,
Anbrach der wilde, wetterschwangre Tag.
Es hat den langen, herben Streit begonnen,
Was schlummernd einst in tiefster Seele lag.
Fort mag er sich durch alle Zeiten türmen –
Es kennt der Mensch kein Ruhn und Stillestehn.
Nur aus des Wahnsinns fürchterlichsten Stürmen
Wird die Vernunft zu schönerm Siege gehn!

Die Industrie

Vor ihm sind tausend Jahre wie der Tag,
Der gestern schied mit feierlichem Prangen;
Denn was der Sturm der Zeiten auch zerbrach –
Ihm ist er machtlos nur vorbeigegangen,
Ihm nur, der Menschheit wundervollem Geist,
Den ewig seine eigne Schöne preist,
Der frei entwandelt jeglicher Vernichtung,
Der leuchtend zieht die eigne Bahn und Richtung!

Er wohnte an des Indus heil'ger Flut,
Er stürmte durch der Griechen grüne Felder,
Er strahlt' und blühte in ital'scher Glut
Und sang sein Lied im Dunkel deutscher Wälder.
Er schwebte durch der Meere wüsten Schwall,
Und in des Niagara Donnerfall
Erscholl sein Ruf: »Wie auch die Jahre schreiten:
Ich bin derselbe wie zu alten Zeiten!«

Wohl hat er als das Höchste sich bewährt,
Der Mensch, der kühn die Elemente bändigt,
Der rastlos fort und weiter nur begehrt,
Des Streben nie mit einem Abend endigt,
Dem der Gestirne Wandel so bekannt
Wie seiner Heimat blumenreiches Land,
Dem täglich neue Welten sich erschließen
Zu neuer Tat, zu schönerem Genießen!

Erfindrisch greift er in die Gegenwart:
Da keimt es auf zu schimmernder Gestaltung!
Was ein Jahrhundert ahnungsvoll erharrt,
Es ward, es ist in herrlicher Entfaltung! –
O Toren, die dem Leben ihr entrückt,
Euch stets an alten Wundern nur entzückt:

Die Wunder, so der Gegenwart entsprossen,
Sind groß wie die der Tage, so verflossen! –

Es ging der Mensch durch grüner Wälder Pracht,
Und prüfend wählte er die Riesenfichte;
Er wand das Eisen aus der Berge Schacht
Und trug's empor zum frohen Sonnenlichte.
Drauf, in der Schiffe flutbespültem Raum,
Fuhr er frohlockend zu dem Küstensaum
Entfernter Völker, transatlant'schem Strande
Die Kunde bringend europä'scher Lande.

Und in der Städte dampf umhülltem Schoß,
Wie rast die Flamme wild aus tausend Essen!
In reinen Formen windet es sich los,
Was ungebildet die Natur besessen. –
O wär's dem sel'gen Gotte doch erlaubt,
Aufs neu zu heben sein ambrosisch Haupt:
Hephaistos, säh den Dampf die Bahn er wallen,
Dem Menschen staunend, würd er niederfallen!

Nicht braucht's der Morgenröte Flügel mehr,
Um sich zu betten in den letzten Zonen:
Die eigne Kunst trägt brausend uns einher
Weit durch den großen Garten der Nationen!
Entgegen eilt, was Strom und See getrennt,
Und rings in Millionen Augen brennt
Hell das Bewußtsein, daß die Nacht entschwunden,
Der Mensch den Menschen wieder hat gefunden!

So donnert laut das Ringen unsrer Zeit,
Die Industrie ist Göttin unsren Tagen!
Zwar noch erscheint's, sie halte starr gefeit
Mit Basiliskenblick der Herzen Schlagen;
Denn düster sitzt sie auf dem finstern Thron,
Und geißelnd treibt zu unerhörter Fron,

Tief auf der Stirn des Unheils grausen Stempel,
Den Armen sie zu ihrem kalten Tempel!

Und Menschen opfernd steht sie wieder da,
Des Irrtums unersättliche Begierde;
Weinend verhüllt sein Haupt der Paria,
Indes der andre strahlt in güldner Zierde:
Doch Tränen fließen jedem großen Krieg,
Es führt die Not nur zu gewisserm Sieg!
Und wer sie schmieden lernte, Schwert und Ketten,
Kann mit dem Schwert aus Ketten sich erretten!

Was er verlieh, des Menschen hehrer Geist,
Nicht Einem – Allen wird es angehören!
Und wie die letzte Kette klirrend reißt
Und wie die letzten Arme sich empören:
Verwandelt steht die dunkle Göttin da –
Beglückt, erfreut ist Alles, was ihr nah!
Der Arbeit Not, die niemand lindern wollte,
Sie war's, die *selbst* den Fels beiseite rollte!

Dann ist's vollbracht! Und in das große Buch,
Das tönend der Geschichte Wunder kündet,
Schreibt man: »Daß jetzt der Mensch sich selbst genug,
Da sich der Mensch am Menschen nur entzündet.«
Frei rauscht der Rede lang gedämpfter Klang,
Frei auf der Erde geht des Menschen Gang!
Und die Natur mit zaubervollem Kusse
Lockt die Lebend'gen fröhlich zum Genusse!

Gericht

Ich sitze nieder, ein Gericht zu halten,
Und rufe mahnend: »Auf, erwacht, erwacht!
Erscheint vor mir, ihr Schädel jäh zerspalten!
Erscheint, ihr Leiber, so das Rad zerkracht!
Erscheint, die ihr gebrandmarkt in den Falten
Der düstern Stirn, erscheint in blut'ger Tracht!
Erscheint, erscheint, ihr gräßlichen Gestalten
Der Knochenstätte und der Kerkernacht!

Heran von eurer schwankenden Galeere,
Die sehn'gen Arms ihr noch die Wogen schlagt!
Heran, die ihr der Ketten Zentnerschwere
Auf einer Festung gras'gen Wällen tragt!
Heran, die Tag und Nacht ihr in der Leere
Dumpfiger Zellen nie zu schlafen wagt:
Auf daß nicht lebend euch der Zahn verzehre,
Der hungrig schon am Korridore nagt.

Und ihr, herbei, ihr bleichen Sünderinnen!
Ihr, noch vor Monden wundersam geschmückt,
Herbei, die ihr verbergt im schmutz'gen Linnen
Die Brust, dran tausend Rosen einst gedrückt!
Herbei, die ihr zu schrecklichem Beginnen
Auf euer Liebstes einst den Stahl gezückt!
Herbei, die ihr von eines Turmes Zinnen
Wahnsinnig jetzt ins Grau der Wolken blickt!

Erscheint, ihr schon Gerichteten! Ich rechte
Ein zweites Mal. Ich schrecke laut und dreist
Empor euch aus dem Grame langer Nächte;
Aufsteigt vor meinem Geist, erscheint und weist
Die Nacken mir, drauf man mit Ruten rächte
Die Missetat; ihr tief Verworfnen, reißt

Ab das Gewand, abschüttelt Lock und Flechte
Vom Aug, das glanzlos durch die Höhlen kreist!

Ist dies der Mund, dem man Bewunderung zollte,
Als er von süßen Liedern überfloß?
Ist dies die Stirn, die den Gedanken rollte,
Kühn, wie er einst olymp'schem Haupt entsproß?
Ist dies die Brust, die nur nach Taten grollte,
Durch die das Blut in wilden Sätzen schoß?
Und dies das Auge, das nur strahlen sollte,
Das eine Welt der Liebe einst erschloß?

Habt ihr so Fürchterliches denn verbrochen,
Daß ihr der Milde nimmer würdig seid?
Nur wert noch, daß euch jäh die Brust durchstochen,
Daß raffiniert man Qual an Qualen reiht?
Nicht würdig mehr, daß Herzen für euch pochen,
Daß eine Stimme bittend für euch schreit?
Nur wert noch, daß euch barsch der Stab gebrochen,
Daß euch der Henker in die Fratze speit? –

Nur Beile wußte man für euch zu wetzen,
Wenn wild der Hunger das Gedärm zerriß!
Nur Lumpen warf man hin und ekle Fetzen,
Wenn euch der Winter in die Schultern biß!
Mit Fabeln wußte nur der Pfaff zu letzen,
Wen rauh die Gicht aufs faule Lager schmiß!
Man folterte mit Not euch und Gesetzen,
Und nur der Tod, der Tod war euch gewiß!

Ihr Unglücksel'gen, die man frech geschändet,
Die im Spitale klagend ihr verreckt,
Die ihr im Rausch der Jugend schon geendet –
Getrost! Kein Teufel euch im Grabe schreckt.
Getrost schlaft weiter! Eh das Jahr sich wendet,
Ein neu Geschlecht die jungen Glieder reckt,

Das euern Kindern ernst sein Wort verpfändet,
Das siegreich nur das Schwert zur Scheide steckt!

Aufküßt ein ander Glühn an allen Orten
Die Herzen alle, die so lang erstarrt.
Ob Saat und Saaten elend auch verdorrten –
Ein neuer Frühling unsrer Erde harrt!
Und andre Fahnen schimmern, andre Borten;
Der Zorn, der mut'ge Renner, stampft und scharrt,
Und vor der Zukunft weit erschloßnen Pforten
Lärmt kampfgerüstet schon die Gegenwart.«

Erst achtzehn Jahr

Ein letztes Glühn! Da zog an brit'scher Küste
Dämmernd herauf die schönste Winternacht;
Im Mondenstrahle floß die Wasserwüste,
Und auf den Hügeln lag des Schnees Pracht.
Leer das Gestad. Es schwieg der Dampfer Sausen;
Matros und Krieger war'n des Tages matt; –
Doch durch die Stille sandte dumpf ihr Brausen
London, der Themse dunkle Riesenstadt.

Ihr galt es gleich, mocht auch der Schlummer drücken
Manch müdes Auge zu ersehnter Ruh;
Es wälzte donnernd über Park und Brücken
Derselbe Lärm sich nur dem Morgen zu.
Zaubrisch und still da draußen das Gefild!
Hier nur das Volk, in buntem Strome, wild
Zusammenflutend, schaffend, ringend, suchend,
Schwelgend und darbend, betend bald und fluchend!

Und Schimmern rings, von Dach und Tor und Fenster;
Dort buhlt die Luft in seidenem Gewand!
Hier überm Golde höhnische Gespenster
Und dort geballt die magre Bettlerhand!

Ein Seufzer hier, ein Kuß dort! Von Terrassen
Und Treppen: Jubel, Flüstern und Gestöhn –
Das ist der Tanz, in dem auf Londons Gassen
Sich rastlos zwei Millionen Menschen drehn!

Er brauste fort. Da hob auch *Sie* vom Lager
Sich sacht empor; es fiel der Sterne Licht
Auf die Gestalt, so tief gebeugt, so hager,
Und auf ihr bleiches, starres Angesicht.
Sie sann – nur einen Augenblick; sie preßte
Das kranke Kind an ihre nackte Brust;
Das arme Weib schritt rasch durch die Paläste;
Ach, das Wohin – sie hat es nicht gewußt!

»Der Mutter Brot! Und Kleider diesem Kinde!«
So rief sie. »Oh, wie toll das Herz mir schlägt!
Gern trüg ich dich, mein Sohn, so warm und linde,
Wie wohl die Mutter ihre Kinder trägt.
Noch ist es Zeit! Bist du erst großgezogen
Und siehst am Strand der Schiffe bunte Schar:
Da eilst du treulos durch die blauen Wogen,
Ein wilder Seemann, wie dein Vater war!

Dein Vater? Still! – Das war ein sel'ger Morgen,
Als weinend ich an seiner Brust erwacht!
Es kam der Mai, der Juni drauf, verborgen
Hielt ich, was früh mich schon so bleich gemacht.
Erst als im Herbst das gelbe Laub der Bäume
Leis rauschend in die grüne Themse fiel:
Da ward erfüllt der schönste meiner Träume –
Und achtzehn Jahr, da steh ich schon am Ziel!

Erst achtzehn Jahr! Und schon so fahl mein Leben!
Erst achtzehn Jahr! Und arm und elend schon!
Doch halt! – Froh will ich meine Stirne heben,
Dem Vaterlande gab ich diesen Sohn!
Ha! Reizt denn niemand mein so junger Leib?

Sagt, die ihr klirrt mit Kreuzen und mit Ketten,
Seid ihr nicht reich genug, um nur ein Weib,
Ein britisch Weib vom Hungertod zu retten?«

Sie schwieg. Dem Gott, der niemals sie erhörte,
Sie sandte kein Gebet ihm himmelwärts.
Trüb ward ihr Blick. – Das siedend sich empörte,
Ihr Blut, zu Eis gerann's – ausschlug ihr Herz!
Die Lippe bebend jetzt von einem Fluche! –
Ein Lächeln dann – sie sank – rings tiefe Ruh –
Und die Natur mit schnee'gem Leichentuche
Deckte das reinste ihrer Kinder zu! –

Geschloßnen Augs, erstarrt der Knabe lag
Fest an der Mutter marmorkalten Brüsten,
Als weit ein Leuchten durch den Nebel brach
Und Sonnenstrahlen Strom und Hügel küßten;
Fern von Westminster feierlich Geläut –
So tönt es an der Kön'ge Sarkophagen;
Es klang so weit – es war, als müßt es heut
Rings nur der Welt den Tod der Armen klagen! –

Die Glocke klang – doch nicht für dich gerührt,
Armselig Weib! Getrost! Laß sie erdröhnen
Den toten Kön'gen nur. Dir ja gebührt,
Du früh Verblichne, wohl ein ander Tönen.
Dir tönt der Schrei, den jüngst die Not gepreßt
Aus tausend Herzen, der in Ost und West
Die Völker ruft in einen Bund zusammen –
Und deine Mörder werden sie verdammen!

Das Hungerlied

Verehrter Herr und König,
Weißt du die schlimme Geschicht?
Am Montag aßen wir wenig,
Und am Dienstag aßen wir nicht.

Und am Mittwoch mußten wir darben,
Und am Donnerstag litten wir Not;
Und ach, am Freitag starben
Wir fast den Hungertod!

Drum laß am Samstag backen
Das Brot, fein säuberlich –
Sonst werden wir sonntags packen
Und fressen, o König, dich!

Es wurde dunkel auf den Gassen

Es wurde dunkel auf den Gassen,
Da schlichen sie ins letzte Haus,
Sie täten stumm die Gläser fassen
Und tranken trübes Bier daraus.
Erst als die Mitternacht gekommen,
Da hat ein Alter das Wort genommen:

»Wohl hab ich lang auf Gott vertrauet,
Denn dieser, sagt man, lenkt die Welt,
Und mit dem Pflug hab ich bebauet
Mein schönes grünumgebnes Feld.
Doch ach, was half der Felder Prangen?
Bin hungrig oft zu Bett gegangen.«

»Und wir, wir führten manche Jahre
Die Spindel schon mit rascher Hand,

Wir spannen Fäden, fein und klare,
Zu warmem wollenem Gewand.
Doch ach, was auch die Hände taten –
Sind selber nie in die Wolle geraten.«

Und andre sehr gemeine Leute –
Man sah's am schlechten schäb'gen Rock –
Sie sprachen: »Fast es uns gereute,
Daß wir gepflanzt den Rebenstock.
Ob lustig sprühn des Weines Funken,
Wir haben selbst nur Wasser getrunken!«

Die rheinischen Weinbauern

An Ahr und Mosel glänzten
Die Trauben gelb und rot;
Die dummen Bauern meinten,
Sie wären aus jeder Not.

Da kamen die Handelsleute
Herüber aus aller Welt:
»Wir nehmen ein Drittel der Ernte
Für unser geliehenes Geld!«

Da kamen die Herren Beamten
Aus Koblenz und aus Köln:
»Das zweite Drittel gehöret
Dem Staate an Steuern und Zölln!«

Und als die Bauern flehten
Zu Gott in höchster Pein,
Da schickt er ein Hageln und Wettern
Und brüllte: »Der Rest ist mein!«

Viel Leid geschieht jetzunder,
Viel Leid und Hohn und Spott,

Und wen der Teufel nicht peinigt,
Den peinigt der liebe Gott!

Arbeite

Du Mann im schlechten blauen Kittel,
Arbeite! Schaffe Salz und Brot!
Arbeite! Arbeit ist ein Mittel,
Probat für Pestilenz und Not.

Arbeite! Rühre deine Arme!
Arbeite sechzehn Stunden so!
Arbeite! Nachts ja lacht das warme,
Das Lager dir von faulem Stroh.

Arbeite! Hast ja straffe Sehnen.
Arbeite! Denk, mit schwangerem Leib
Harrt in der Hütte dein mit Tränen
Ein schönes leichenbleiches Weib.

Arbeite! Gleich der Stirn der Rinder
Ist ja die deine breit und dick.
Arbeite! Deine nackten Kinder,
Die küssen dich, kehrst du zurück.

Arbeite bis die Adern klopfen!
Arbeite bis die Rippe kracht!
Arbeite bis die Schläfen tropfen –
Du bist zur Arbeit ja gemacht!

Arbeite bis die Sinne schwinden!
Arbeite bis die Kraft versiegt!
Arbeite! – Wirst ja Ruhe finden,
Wenn dein Gebein im Grabe liegt.

Das Lied von der verunglückten Kartoffel

Zur Nacht auf ihrem Lager lag
Eine arme, kranke Kartoffel.
Sie hob sich matt empor und sprach,
Sie sprach zu dem armen Stoffel:

»O Stoffel, unglücklicher Mann,
Ich fühl's, daß ich sterben werde!
Schon kommt der Tod, der schlimme, heran
Und rafft mich von der Erde.

Zwar frag ich nach mir selber nicht,
Nicht will ich mich bedauern.
Doch wenn ich schaue dein bleich Gesicht,
Da muß ich trauern und trauern.

Dir blüht kein Wein und Weizen nicht,
Hast weder Ochs noch Rinder,
O Stoffel, bist ein armer Wicht,
Du hast nur hungrige Kinder.

Was wird aus deinen Kindern nun,
Die fröhlich waren noch gestern,
Wenn ich bald werde im Grabe ruhn
Mit all meinen lieblichen Schwestern?

Sie starben in Ober- und Niederland,
Sie starben mit Weh und Gewinsel,
Sie starben an Englands weißem Strand
Und auf der smaragdenen Insel.

Sie starben, und ach, ich folg ihnen nach!«
So sprach die kranke Kartoffel.
Sie schwieg, und das Herz, das Herz ihr brach –
Aufschluchzte der arme Stoffel

Und weinte die Nacht mit Weib und Kind,
Und der Hunger, der wollte nicht weichen.
Dumpf brauste der kalte Novemberwind
In den prächtigen deutschen Eichen.   198

Lieder aus Lancashire

Es war ein armer Schneider

Es war ein armer Schneider,
Der nähte sich krumm und dumm;
Er nähte dreißig Jahre lang
Und wußte nicht warum.

Und als am Samstag wieder
Eine Woche war herum:
Da fing er wohl zu weinen an
Und wußte nicht warum.

Und nahm die blanken Nadeln
Und nahm die Schere krumm –
Zerbrach so Scher und Nadel
Und wußte nicht warum.

Und schlang viel starke Fäden
Um seinen Hals herum –
Und hat am Balken sich erhängt
Und wußte nicht warum.

Er wußte nicht – es tönte
Der Abendglocken Gesumm.
Der Schneider starb um halber acht,
Und niemand weiß warum.

Die hundert Männer von Haswell[1]

Die hundert Männer von Haswell,
Die starben an einem Tag;
Die starben zu einer Stunde;
Die starben auf einen Schlag.

Und als sie still begraben,
Da kamen wohl hundert Fraun;
Wohl hundert Fraun von Haswell,
Gar kläglich anzuschaun.

Sie kamen mit ihren Kindern,
Sie kamen mit Tochter und Sohn:
»Du reicher Herr von Haswell,
Nun gib uns unsern Lohn!«

Der reiche Herr von Haswell,
Der stand nicht lange an;
Er zahlte wohl den Wochenlohn
Für jeden gestorbnen Mann.

Und als der Lohn bezahlet,
Da schloß er die Kiste zu.
Die eisernen Riegel klangen,
Die Weiber weinten dazu.

---

1 In den Kohlengruben zu Haswell kamen im September v.J. hundert Menschen ums Leben. – Das Verdikt lautete: »Visitation of God«. Man versichert aber, es sei dies Unglück durch die Nachlässigkeit der Grubenbesitzer entstanden.

Der alte Wirt in Lancashire

Der alte Wirt in Lancashire,
Der zapft ein jämmerliches Bier.
Er zapft' es gestern, zapft es heute,
Er zapft es immer für arme Leute.

Die armen Leut in Lancashire,
Die gehen oft durch seine Tür;
Sie gehn in Schuhen, die verschlissen,
Sie kommen in Röcken, die zerrissen.

Der erste von dem armen Pack,
Das ist der bleiche, stille Jack.
Der spricht: »Und was ich auch begonnen –
Hab nimmer Seide dabei gesponnen!«

Und Tom begann: »Schon manches Jahr
Spann ich die Fäden fein und klar;
Das wollene Kleid mocht manchem frommen –
Bin selbst aber nie in die Wolle gekommen!«

Und Bill darauf: »Mit treuer Hand
Führt ich den Pflug durch britisch Land;
Die Saaten sah ich lustig prangen –
Bin selbst aber hungrig nach Bett gegangen!«

Und weiter schallt's: »Aus tiefem Schacht
Hat Ben manch Fuder Kohlen gebracht;
Doch als sein Weib ein Kind geboren –
Goddam – ist Weib und Kind erfroren!«

Und Jack und Tom und Bill und Ben –
Sie riefen allesamt: »Goddam!«
Und selbe Nacht auf weichem Flaume
Ein Reicher lag in bösem Traume.

Der Kanonengießer

Die Hügel hingen rings voll Tau;
Da hat die Lerche gesungen.
Da hat geboren die arme Frau –
Geboren den armen Jungen.

Und als er sechzehn Jahre alt:
Da wurden die Arme strammer;
Da stand er in der Werkstatt bald
Mit Schurzfell und mit Hammer.

Da rannt er den Öfen in den Bauch
Mit schweren Eisenstangen,
Daß hell aus Schlacken und aus Rauch
Metallne Bäche sprangen!

Kanonen goß er – manches Stück!
Die brüllten auf allen Meeren;
Die brachten die Franzen ins Ungelück
Und mußten Indien verheeren.

Die warfen Kugeln, leidlich schwer,
Den Chinesen in die Rippen;
Die jauchzten Britanniens Ruhm daher
Mit eisernen Kehlen und Lippen!

Und immer goß der lust'ge Held
Die blitzenden Geschütze:
Bis ihm das Alter ein Bein gestellt,
Die Fäuste wenig nütze.

Und als sie versagten den Dienst zuletzt,
Da gab es kein Erbarmen:
Da ward er vor die Tür gesetzt
Wohl unter die Krüppel und Armen.

Er ging – die Brust so zornig weh,
Als ob sie der Donner duchgrollte
Von allen Mörsern, die er je
Hervor aus den Formen rollte.

Doch ruhig sprach er: »Nicht fern ist das,
Vermaledeite Sünder!
Da gießen wir uns zu *eignem* Spaß
Die Vierundzwanzigpfünder.«

Sie saßen auf den Bänken

Sie saßen auf den Bänken,
Sie saßen um ihren Tisch,
Sie ließen Bier sich schenken
Und zechten fromm und frisch.
Sie kannten keine Sorgen,
Sie kannten kein Weh und Ach,
Sie kannten kein Gestern und Morgen,
Sie lebten nur diesen Tag.

Sie saßen unter der Erle –
Schön war des Sommers Zier –
Wilde, zorn'ge Kerle
Aus York und Lancashire.
Sie sangen aus rauhen Kehlen,
Sie saßen bis zur Nacht,
Sie ließen sich erzählen
»*Von der schlesischen Weberschlacht.*«

Und als sie alles wußten,
Tränen vergossen sie fast,
Auffuhren die robusten
Gesellen in toller Hast.
Sie ballten die Fäuste und schwangen
Die Hüte im Sturme da;

Wälder und Wiesen klangen:
»*Glück auf, Silesia!*«

Herüber zog eine schwarze Nacht

Herüber zog eine schwarze Nacht.
Die Föhren rauschten im Sturme;
Es hat das Wetter wild zerkracht
Die Kirche mit ihrem Turme.

Zerschmettert das Kreuz, zerdrückt der Altar,
Zermalmt das Gebein in den Särgen –
Die gotischen Bögen wälzen sich
Donnernd hinab von den Bergen.

Zum Dorfe stürzt sich Turm und Chor
Als wie zu einem Grabe –
Da fährt entsetzt vom Lager empor
Und spricht zur Mutter der Knabe:

»Ach Mutter, mir träumte ein Traum so schwer,
Das hat den Schlaf mir verdorben.
Ach Mutter, mir träumte, soeben wär
Der liebe Herrgott gestorben.«

Das ist das Haus am schwarzen Moor

Das ist das Haus am schwarzen Moor!
Wer dort im letzten Winter fror,
Der friert dort nicht in diesem Jahr –
Er sank schon längst auf die Totenbahr.

Das ist das Haus am schwarzen Moor,
Das Haus, wo der alte Jan erfror.

Zur Tür gewandt das weiße Gesicht,
Starb er und wußt es selber nicht.

Er starb. – Da kam, wie ein scheues Reh,
Der Tag und hüpfte über den Schnee.
»Guten Morgen, Jan! Guten Morgen, Jan!« –
Der Jan keine Antwort geben kann.

Da erhuben die Glocken ihr hell Geläut,
Sie sangen und klangen und riefen so weit:
»Guten Morgen, Jan! Guten Morgen, Jan!« –
Der Jan keine Antwort geben kann.

Da kamen die Kinder aus der Stadt:
»Wir wissen, wie lieb er uns alle hat;
Guten Morgen, Jan! Guten Morgen, Jan!« –
Der Jan keine Antwort geben kann.

Tag, Glocken und Kinder er nicht verstund.
Da nahte die sonnige Mittagsstund,
Da nahte ein armes Weib: »Mein Jan,
Willst essen und trinken nicht, alter Mann?

Sieh, was ich brachte dir aus der Stadt;
Sollst froh nun werden und warm und satt!« –
Die Alte sah lange auf ihren Jan,
Da fing sie bitter zu weinen an.

Da weinte sie an dem schwarzen Moor,
Am Moor, wo der alte Jan erfror;
Da weinte sie ihr brennend Weh
Hinunter in den kalten Schnee.

Der arme Tom

Es sprach der Tod zum armen Tom:
»Armer Tom, komm, o komm,
Komm hinab ins kühle Grab,
Komm, Tom, komm hinab!

Sei nur getrost und fasse Mut,
Armer Tom, bin dir gut.
Komm, ich bringe dich zur Ruh,
Komm, Tom, ich deck dich zu!

Ich deck dich zu mit Blumen fein,
Armer Tom; alle Pein
Sollst du nun vergessen, Tom,
Komm, Tom, komm, o komm,

O komm, dieweil dein Bett gemacht!« –
Durch die Nacht klang es sacht,
Klang es also wundersam:
»Komm, Tom!« – bis Tom kam.

Mary

Von Irland kam sie mit der Flut,
Sie kam von Tipperary;
Sie hatte warmes, rasches Blut,
Die junge Dirn, die Mary.
Und als sie keck ans Ufer sprang,
Da riefen die Matrosen:
»Die Dirne Mary, Gott sei Dank,
Gleicht einer wilden Rosen!«

Und als sie schritt zum Markte frank,
Sprach ein Gesell mit Grüßen:

»Die Dirne Mary, Gott sei Dank,
Geht auf zwei weißen Füßen.«
Und als sie saß zu Liverpool
Mit schwarz verwegnen Blicken,
Da wollten sich um ihren Stuhl
Die Menschen schier erdrücken.

Von Irland kam sie mit der Flut,
Sie kam von Tipperary:
»Wer kauft Orangen, frisch und gut?«
So rief die Dirn, die Mary.
Und Mohr und Perser und Mulatt
Und Juden wie Getaufte –
Das ganze Volk der Handelsstadt,
Es kam und kaufte, kaufte.

Da fuhr kein Schiff den Fluß hinauf,
Da schwamm auch keins zum Meere:
Saß ein verliebter Schiffsjung drauf
Und dacht: Oh, wenn ich wäre
Erst auf dem Markt zu Liverpool,
Da sitzt von Tipperary,
Mit den Orangen auf dem Stuhl,
Die junge Dirn, die Mary!

Gab es wohl größre Liebe je?
Die Dirn am Mersey-Strande
Hatt tausend Schätze auf der See
Und mehr noch auf dem Lande.
In jeder Zone, wo der Mast
Von einem Fahrzeug krachte,
Schwamm eine Seemannsseele fast,
Die an Orangen dachte. –

Sie aber trotzte wild und keck,
Ob auch die Lippen brannten,
Stets an des Markts geschäft'ger Eck

Den bärtigen Bekannten.
O Leid um all die frischen Küss –
Sie hatte kein Erbarmen,
Sie fluchte, schrie, und ach, sie riß
Sich los aus allen Armen!

Und mit dem Geld, das sie gewann
Für saft'ge, goldne Früchte,
Lief hurtig sie nach Hause dann
Mit zornigem Gesichte.
Sie nahm das Geld und schloß es ein;
Und erst im Januare
Gen Irland sandte flink und fein
Das blanke sie und bare.

»Das ist für meines Volkes Heil,
Das schenk ich euern Kassen!
Auf, schärft den Säbel und das Beil
Und schürt das alte Hassen!
Wild überwuchern möchte gern
Den Klee von Tipperary
Die Rose England – grüßt den Herrn
O'Connell von der Mary.«

Klagelied eines Irländers

Nach Mrs. Blackwood

Nun sitz ich auf der Bank, Mary,
Auf der wir saßen traut
An dem schönen Morgen im Monat Mai,
Als einst du meine Braut.
Es sproßte frisch und grün das Korn,
Und die Lerche sang so weit;
Dein Mund war rosarot, Mary,
Dein Auge voll Lieblichkeit.

Die Bank ist ganz wie sonst, Mary,
Schön ist des Morgens Glühn.
Wie damals steigt die Lerche auf,
Und das Korn ist wieder grün;
Doch fühl ich nicht den Druck der Hand,
Nicht deines Atems Hauch,
Nicht tönt mir deine Stimme mehr,
So oft ich horche auch.

Zur kleinen Kirche will ich gehn,
Den Turm seh ich von hier;
In jener Kirche wurd ich einst,
Mary, getraut mit dir.
Doch übern Kirchhof müßt ich ja –
Möcht stören deine Rast,
Lieb Mary, die du tief im Grab
Dein Kind am Busen hast.

Verlassen bin ich – neue Freunde,
Der Arme findet sie so schwer;
Doch oh, die wen'gen, die er findet,
Er liebt sie desto mehr!
Und du warst ja mein Alles, Mary,
Mein Stolz und meine Lust,
Und Alles, ach, verlor ich, Mary,
Als sterben du gemußt.

Mit deinem treuen, guten Herzen,
Wie hofftest du so lang,
Als mit dem alten Gottvertrauen
Mein Arm ermattet sank!
Trost sprachst du mir in meine Seele
Und sahst mich bittend an –
Und Dank sei, Mary, dir für Alles,
Was du mir Liebes getan!

Dank dir für dein geduldig Lächeln,
Als du, vom Hunger geplagt,
Deine Qual verbargst um meinetwillen
Und nicht ein Wort gesagt!
Und Dank dir für dein letztes Grüßen,
Als ach, dein Herze brach,
Und oh, es freut mich, daß du weilest,
Wo nichts nun kränken dich mag.

Ade! Von dannen muß ich ziehen,
Muß lassen der Heimat Strand;
Doch werd ich auch dein gedenken, Mary,
In dem fernen, neuen Land.
Man sagt, dort gibt es Brot genug,
Und die Sonne geht nimmer zur Ruh –
Doch nimmer vergeß ich, Alt-Irland, dich,
Wär's auch dreimal schöner als du!

In jenen alten, großen Wäldern
Will ich sitzen, ein einsamer Mann;
Und zurück nach dem Ort, wo Mary ruht,
Wird reisen mein Herze dann,
Bis ich meine, ich sähe die kleine Bank,
Wo zusammen wir saßen traut
An dem schönen Morgen im Monat Mai,
Als einst du meine Braut.

Deutscher und Ire

In England war die Nacht kalt;
Zwei junge Gesellen, wohlgestalt,
Ein Deutscher und Ire, sich trafen
Und sanken auf eine Streu, zu schlafen.

Der eine schaute den andern an,
Und jeder dachte: »Mein Schlafkumpan,

Der ist nicht zu Haus an diesem Strande,
Der ist geboren in anderem Lande.«

Und murmelten drauf zur selben Zeit:
»Und ach, das ist ein Jammer und Leid;
Es scheint, ihm blühten noch wenig Rosen –
Schau seinen Rock und die schlechten Hosen.«

Und riefen endlich wohl lachend zugleich:
»Und du kommst auch nimmer auf grünen Zweig!«
Und da grüßten sie sich, daß hell es geklungen
In deutscher wohl und in irischer Zungen.

Und ob auch keiner den andern verstand –
Treuherzig reichten sie sich die Hand
Und wurden Genossen in Freud und Leide –
Denn arme Teufel waren sie beide.

Gebet eines Irländers

Sankt Patrick, großer Schutzpatron,
Du sitzt auf dem warmen Himmelsthron;
O sieh mich an mit freundlichem Sinn,
Dieweil ich ein armer Paddy bin!

Sankt Patrick, sieh, die Nacht kommt bald,
Von England weht es herüber so kalt;
O blicke auf meinen schäbigen Frack
Und auf meinen löchrigen Bettelsack!

Sankt Patrick, tu, was dir gefällt!
So groß und so schön ist ja alle Welt.
O laß mich werden, was du willt,
Nur bleiben nicht solch ein Menschenbild!

O laß mich werden ein Blümlein blau,
Dann mag ich trinken den kühlen Tau!
O laß mich werden ein braunes Reh,
Dann kann ich fressen den grünen Klee!

O laß mich werden ein stolzer Bär,
Dann geh ich im warmen Rock daher!
O laß mich werden ein schöner Schwan,
Dann wohn ich auf Strom und Ozean!

O mach aus mir einen Panther wild,
Einen Leu, daß hoch meine Mähne schwillt,
Einen Tiger, auf daß ich manch reichen Tyrann
Mit rasselnden Tatzen zerreißen kann! –

Doch, Patrick, ach, taub bleibt dein Ohr;
Der Paddy bleib ich wohl nach wie vor.
's bleibt alles wie sonst, und die Nacht ist kalt,
Und der Dan O'Connell wird dick und alt.

Handwerksburschen-Lieder

Der Abschied

Meine alte, gute Mutter,
Die nähte die halbe Nacht;
Sie hat mir aus feinem Linnen
Ein feines Hemd gemacht.

Meine wunderschöne Schwester,
Die hat einen freien Sinn;
Die stickte mit stolzer Seide
Meinen stolzen Namen darin.

Und morgens, um halber viere,
Da hat der Hahn gekräht;
Nun schnüre seinen Ranzen,
Wer auf die Reise geht!

Und morgens, um halber fünfe,
Da hab ich meinen Vater geweckt;
Der hat drei rostige Kronen
In meinen Sack gesteckt.

Wir standen unter der Linde,
Da ward mein Herz so schwer;
Meine treue Mutter meinte,
Sie sähe mich nimmermehr.

Mein Vater ward so stille,
Meine Schwester schluchzte darauf –
Da ging in den Weizenfeldern
Die goldene Sonne auf.

Und vor den Toren klang es:
»Ade, du dumpfige Stadt!
Nun freue sich, wer ein freies,
Ein lustiges Leben hat!«

Auf hohem Berge

Ich stand auf hohem Berge
Und blickte ins Tal hinab:
Dort wohnen die kleinen Menschen,
Die lange geliebet ich hab!

Dort ragt die graue Kirche,
Die ist schon alt genug;
Dort schrieb mich einst der Küster
Ins große Kirchenbuch.

Und drüben steht die Kapelle,
Dort sang ich den ersten Choral;
Der Kantor spielte die Geige
Und schlug mich mannigmal.

Doch wo die Linden rauschen,
Da glänzt ein schneeweißes Haus;
Dort schauen die Monatsrosen
Hoch oben zum Fenster hinaus. –

O blühet fort, ihr Rosen,
Ohn Not und Ungemach,
Bis daß ich euch wiederschaue
Wohl über Jahr und Tag;

Bis daß ich wieder wandle
Die heimlichen Gassen hin,
Bis daß ich wieder küsse
Meine lustige Nachbarin.

Im grünen Walde

Sie lagen im grünen Walde,
Sie lagen im grünen Gras,
Da sangen sie alsobalde
Diskant, Tenor und Baß.

Der Schneider sang Diskante,
Der Schuster, der blies Tenor,
Der Schreiner gar galante,
Der brüllte den Baß hervor.

Zuerst begann der Schneider
Und tanzte mit leichtem Schritt:
»Ich mache die windigen Kleider
Nach Wiener und Hamburger Schnitt.«

»Und ich«, erhub mit Grüßen
Der Schuster und lachte dazu,
»Ich mache manch zierlichen Füßen
Den reizenden, zierlichen Schuh.«

Und kräftig brüllte der Schreiner,
Daß das Reh im Walde sich barg:
»Geschickter wie ich ist keiner,
Ich mache so Wiege als Sarg.«

Und Schreiner und Schuster und Schneider,
Sie sangen zusammen im Takt:
»Ohn windige Schneider, leider,
Da ginge schier alles nackt!

Und wäre kein Schuster lebendig,
Da liefe man üblen Trab;
Und ohne den Schreiner, anständig
Käm keiner hinab ins Grab.« –

So sangen sie wohl im Walde,
Es blitzte das grüne Gras.
Es klangen an Strom und Halde
Diskant, Tenor und Baß.

Drei schöne Handwerksburschen

Drei schöne Handwerksburschen,
Die schwammen wohl über den Rhein;
Sie traten bei einem Meister
Zur kleinen Türe hinein.

Der erste sprach mit dem Meister,
Der zweite grüßte die Frau,
Der dritte küßte die Tochter
Mit Augen so lieb und blau.

Und als sie den Wein getrunken
Und auch gegessen den Fisch,
Da saßen mit krummen Beinen
Zusammen sie auf dem Tisch.

Und schlugen wie Nachtigallen
Und stachen mit Nadeln drein
Und nähten die Hosenlätze
Bis gegen den Sternenschein.

Wie lieblich blitzten die Sterne
Zu Köln, in der alten Stadt!
Ein jeder der drei Gesellen
Seine Nadel zerbrochen hat.

Der erste sprach mit dem Meister,
Der zweite grüßte die Frau,
Der dritte küßte die Tochter
Mit Augen so lieb und blau.

Und schwammen zurücke wieder
Wohl über den rauschenden Strom –
Die großen Glocken klangen
Herab von dem großen Dom.

Um die Kirschenblüte

Und um die Kirschenblüte,
Da haben wir logiert,
Wohl um die Kirschenblüte
In Frankfurt einst logiert.

Es sprach der Herbergsvater:
»Habt schlechte Röcke an!«
»Du laus'ger Herbergsvater,
Das geht dich gar nichts an!

Gib uns von deinem Weine,
Gib uns von deinem Bier;
Gib uns zu Bier und Weine
Auch ein gebraten Tier!«

Da kräht der Hahn im Spunde –
Das ist ein guter Fluß!
Es schmeckt in unsrem Munde
Als wie Urinius.

Da bracht er einen Hasen
In Petersilienkraut:
Vor diesem toten Hasen
Hat es uns sehr gegraut.

Und als wir war'n im Bette
Mit unsrem Nachtgebet:
Da stachen uns im Bette
Die Wanzen früh und spät.

Dies ist geschehn zu Frankfurt,
Wohl in der schönen Stadt,
Das weiß, wer dort gelebet
Und dort gelitten hat.

Herr Joseph und Frau Potiphar

Eine biblische Romanze
Lieblich zu lesen

Als dazumal Herr Potiphar
Im schönen Land Ägypten
Noch königlicher Kämmrer war:
Da bot man den betrübten,
Den Joseph, ihm als Sklave an
Und kam nach vielem Schwatzen
Drin überein, der fremde Mann
Sei wert ein Zwanzig Batzen.

Und Potiphar war schlau genung,
Ihn balde zu erstehen,
Denn schön war Joseph, rasch und jung
Und freundlich anzusehen.
»Du sollst«, so sprach der Kämmerling,
»In meinem Haus regieren
Ob Brot und Fleisch und ander Ding
Und mir die Wirtschaft führen.«

Und übel war's nicht, was er tat.
Es folgte aller Wegen
Dem jungen Joseph früh und spat
Nur Gottes eitler Segen.
Er war beliebt bei seinem Herrn
Wie bei der gnäd'gen Frauen,
Und wie man sagt, sie mochte gern
Den Judenjungen schauen.

Er war so frisch, er war so rot,
Er hatte schlanke Glieder.
Sie schlug, wenn guten Tag er bot,
Auch stets die Augen nieder;

Und träumrisch sah man oft sie gehn
Am schönen Nilesstrande,
Allwo die Pyramiden stehn –
Kirchtürme jener Lande.

Wenn drauf der kühle Nachttau fiel
Auf Palmen und auf Tannen
Und Vogel Strauß und Krokodil
Ihr Abendlied begannen:
Da setzte sich die Königin,
Geschmückt mit goldnen Franzen,
An ein idyllisch Plätzchen hin
Und dichtete Romanzen.

Von Liebe sang sie, das ist wahr,
Von Rosen und von Küssen,
Von schwarzen Augen, lock'gem Haar,
In glühenden Ergüssen.
Den Redakteur des Wochenblatts
Ließ morgens sie zitieren,
Der mußte den poet'schen Schatz
In Eile publizieren.

Doch wie's der Liebe wundersam
Im Leben pflegt zu gehen,
Der Joseph wollte ihren Gram
Noch immer nicht verstehen.
Von Liebe lag sein Herz so fern
Wie Rom von Flachsenfingen,
Auch wollte er den gnäd'gen Herrn
Nicht gern in Schande bringen.

Da tobte die Ägypterin,
Sie rang die weißen Hände.
Schwarz flutete ihr Haupthaar hin,
Und los um Brust und Lende
Flog wild ihr purpurnes Gewand –

So trat sie liebedürstend
Herein, wo unser Joseph stand,
Den Sonntagsrock sich bürstend.

Das Auge Glut, die Lippe Brand,
Die Wangen wie im Fieber,
Wie eine Bombe hergesandt
Aus größestem Kaliber.
Im Wonnerausch zu Füßen sank
Sie Jakobs edlem Sohne,
Und ächzend ihre Stimme klang:
»Bei Gott, du bist nicht ohne!

Sei mir gegrüßt! Ich liebe dich,
Du bräunlicher Hebräer.
O sieh mich an, sieh her und sprich:
Kann Dichter oder Seher
Ein schöner Weib im Traume sehn,
Als du zu deinen Füßen
Sich winden siehst mit brünst'gem Flehn
Um deinen Kuß, den süßen?

Sieh meine Schultern weiß und rund
Von dunklem Haar umflossen;
Sieh wie die Ros auf meinen Mund
All ihren Glanz ergossen,
Wie diese Brust sich wallend hebt,
Von Tränen sanft befeuchtet,
Wie dir mein Herz entgegenbebt,
Wie dir mein Auge leuchtet!

Mein Lied erklingt so sehnsuchtschwer
Wie Murmeln einer Quelle;
Ich eile flüchtiger daher
Als Panther und Gazelle.
Und wilder meine Küsse glühn
Als Sonn- und Wettergluten,

Wenn zischend sie herniedersprühn
Und durch die Wolken fluten.

Ich wiege dich an meiner Brust
Zu wundersamen Träumen;
Ich lasse dir zu höchster Lust
Den vollen Becher schäumen;
Und rollt dein Blut und pocht dein Herz
In immer wildern Schlägen:
Sanft will ich dann den süßen Schmerz
Mit neuen Küssen pflegen!«

So sprach Madame Potiphar
Und konnt ihn nicht erweichen.
Der Stockphilister Joseph war
Ein Esel sondergleichen.
Er schritt wohl auf die Hausvogtei
Und hat sich sehr verwundert:
Wie alsosehr verderbet sei
Sein lasterhaft Jahrhundert.

Die deutschen Verbannten in Brüssel

Und in den Kaffeehäusern von Brüssel,
Da saßen sie und weinten
Und hingen die Paletots an die Wände
Und tranken Mokka mit Zucker und Kognak
Und seufzten und jammerten sehr – wenn
Dein sie gedachten, germanische Heimat!

Verbannte waren's. Der Zorn des
Sechsunddreißigeinigen deutschen
Bundestag-Gottes verstieß sie –
Stieß sie hinaus, die Geächteten,
Lieblos hinaus in des Auslands
Weiche, sammetgepolsterte Sessel.

Sinnend schaut ich sie oft; und entsetzt dann
Hört ich, wie laut sie zu klagen
Erhoben: »O weh uns! Nimmer
Essen wir jetzt mehr deinen
Pumpernickel, Westfalen! und
Posen, deine Kapusta!

Nicht mehr rauschen die Fichten uns deiner
Seligen Steppen, o Uckermark! Nicht mehr
Fühlen den Biß wir deiner
Kasernen-Wanzen, o Preußen! Und nicht mehr
Sinken entzückt wir an deine
Gänsebrüste, ambrosisches Pommern!

Nicht mehr tönet der Männer der
Bernsteinküst liberales Gejammer
Erfreulich ins Ohr uns! – Nicht mehr
Werden wir Dome erbaun und
Betrinken mit euch uns, ihr
Heiligen Kölner!

Ferne die Heimat! Ferne ja alles, was
Reiz noch dem Leben verlieh und das Dasein
Köstlich machte – und traurig
Sitzen wir, ach, wir großen, blonden
Teutonen nun unter den kleinen
Bräunlichen Belgiern!

Müssen Burgunder trinken und
Leid'gen Champagner und Austern
Essen, Ostender, Fasanen und tête de
Veau en tortue und was sonst noch
Bietet die Fremde an kaum wohl
Genießbaren Sachen!

Müssen statt lieblich deutscher
Vergißmeinnicht-Kinder des Auslands

Schwarzumlockte brennende
Rosen jetzt küssen und
Tanzen Cancan am Sabbat, wo sonst wir
Brünstig gebetet in Odins ragenden Tempeln.

Müssen allein jetzt wandern den dorn'gen
Lebensweg, nicht länger bewacht von
Väterlichen Gendarmen, die gern uns
Stets daheim geschützt vor der Pest
Moderner Ideen und
Hochverrätrischer Tollheit!

Ach! Verlassen sind wir; und ihr nur
Nehmet noch Anteil an uns, ihr teuren
Vaterländ'schen Spione und du, o
Repräsentant der preuß'schen Nation, du
Hehrer, gewaltiger Graf, du
Henckel von Donnersmarck!!« –

Also sangen sie wohl in Brüssel, die
Deutschen Verbannten; – ich hört sie
Klagen im Café des Arts und
Im Café Suisse und im Café der Tausend
Säulen – und Wehmut
Drang durch die liebende Brust mir.

Ein Jahr

An X.

Ich sah dich zuerst im Januar
Und grüßte zuerst dich im Februar;
Doch um die Mitte des Märzen,
Da fühlte ich Lieb im Herzen.

Und schlich vor deine Türe still
Wohl in den Nächten des April;
Erst in der Blüte des Maien,
Da täte ich um dich freien.

Und gab dir, ach, so manchen Kuß
Im holden Monat Junius;
Und beide fühlten wir heiß Verlangen,
Als drauf der Juli kam gegangen.

Der Juli kam; und im August
Schwelgten wir selig Brust an Brust;
Im September tät ich dich entführen;
Im Oktober ließen wir kopulieren

Und wälzten uns im Novembrium
Als Eheleute im Bett herum –
Jetzt ist es Dezember, die Wolken schneien,
Die Raben krächzen, die Kater schreien.

Kaiser Karl

Herr Kaiser Karl, der fromme Mann,
Ließ viele Menschen zu Tode schlahn;
Er schlug sie tot um das Christentum:
Das brachte ihm ungeheuren Ruhm.

Und saß zu Aachen in seiner Pracht,
Im Wams aus Otternfell gemacht;
Und alle Völker nah und fern,
Die beugten sich dem gewalt'gen Herrn

Und brachten Geschenke aus aller Welt,
Viel Gold und Seiden und Gezelt;
Ihm bracht der Kalif aus Morgenland
Eine Uhr und einen Elefant.

Doch Kaiser Karl, der fromme Held,
Er sprach: »Was nutzt mir Gold und Geld,
Was soll der fremde Elefant? –
Hab schönre Dinge im eignen Land!«

Und zog hinauf den grünen Rhein,
Und pflanzte die Rebe zu Ingelheim;
Und pflegte sie mit derselben Hand,
Die hundert Völker überwand,

Ja pflegte sie mit der blutroten Hand,
Die hundert Völker überwand –
Und dies ist der Grund, daß zu Ingelheim
Noch heute wächst der blutrote Wein.

Pfingstlied

Sie herzten sich und sie küßten sich
Mit liebevoller Gebärde.
Der junge Herr Frühling wonniglich,
Der besuchte die alte Frau Erde.

Er ist der guten, ehrlichen Frau
Mit eins an den Hals gesprungen,
Daß bis hinauf in den Himmel blau
Nur Lust und Jubel erklungen.

»Mein Sohn, es freut mich, daß du hier!
Lang währte des Winters Tosen.
Meine Felder brauchen die goldne Zier,
Meine Gärten Lilien und Rosen.

Verstummt sind all meine Nachtigalln,
Seit ich dich verloren hatte;
Drum schmücke den Vögeln die grünen Halln
Und den Hirschen die blumige Matte.

Ich habe so oft an dich gedacht,
Wenn es stürmte wilder und wilder;
Doch sprich, was hast du mir mitgebracht
Für die lieblichen Menschenbilder?«

»Für die Menschenbilder?« versetzte da
Der junge Herr Frühling stutzend –
In die Tasche griff er behend: »Voilà!
Revolutionen ein Dutzend.«

Heuler und Wühler

Hießen Whig und hießen Tory,
Hießen Welf und Gibelline.
Doch zu Köln am Vater Rheine
Heißen Heuler sie und Wühler.

Wildrepublikan'sche Eber
Wühlen einerseits die Wühler;
Konstitutionelle Wölfe
Heulen schlimmer noch die Heuler.

Welch Getöse! Herzerschütternd.
Ja, vom Dom zum köln'schen Zelte,
Ja, vom Türmchen bis zum Bay'nhaus
Poltert's, rast es, grunzt und brummt es.

Oh, entsetzlich ist's! – Kam sonst der
Abend, sieh, da küßten wir und
Tanzten, streuten Blumen, sangen
Vivat, Vivat, Hosianna!

Gingen froh zum alten Vater,
Trinkrat Thibus, dort die Römer
Keck zu schwingen, bis daß Eos
Stieg empor mit Rosenfingern.

Aber jetzt? – O Zeus, du weißt es:
Unter Ebern, unter Wölfen,
Was ich leide, unter diesen
Deutschen souveränen Bestien.

264

Ich wollt, ich wär Polizeiminister

Ich wollt, ich wär Polizeiminister,
Da ließ ich alle Leut arretieren,
Da ließ ich die schönsten Frauen schier
Mir all ins Gefängnis führen.

Da sollten sie schmachten in Seide und Samt,
In Troddel und goldener Frange,
Da sollten sie essen Ambrosia
Und trinken den Wein der Champagne.

Und ach, im Verhöre geheimnisvoll,
Wie würden sie leis mir verkünden
Die lange, die liebliche Litanei
Von ihren galanten Sünden.

Der Blonden gäbe ich vierzig Küß,
Und mit achtzig straft ich die Braune,
Doch ein schwarzes Weib verdammt ich zumeist –
Die Gerichtsschreiber lachten wie Faune.

Und der Herr Prokurator würdevoll,
Der spräche mit vielem Pathos:
»Ich wasch meine Hände in Regenwasser
Und in Unschuld wie Pontius Pilatos.«

Ja, staatsgefährlicher als Rebelln
Ist – Oh, ins Gefängnis schickt sie! –
Eine einzige kleine Frau mit ihrem
Süßen Corpus delicti.

Heute morgen fuhr ich nach Düsseldorf

Heute morgen fuhr ich nach Düsseldorf
In sehr honetter Begleitung:
Ein Regierungsrat – er schimpfte sehr
Auf die Neue Rheinische Zeitung.

»Die Redakteure dieses Blatts«,
So sprach er, »sind sämtlich Teufel;
Sie fürchten weder den lieben Gott
Noch den Ober-Prokurator Zweiffel.

Für alles irdische Mißgeschick
Sehn sie die einzige Heilung
In der rosenrötlichen Republik
Und vollkommener Güterteilung.

Die ganze Welt wird eingeteilt
In tausend Millionen Parzellen;
In so viel Land, in so viel Sand
Und in so viel Meereswellen.

Und alle Menschen bekommen ein Stück
Zu ihrer speziellen Erheitrung –
Die besten Brocken: die Redakteur'
Der Neuen Rheinischen Zeitung.

Auch nach Weibergemeinschaft steht ihr Sinn.
Abschaffen wolln sie die Ehe:
Daß alles in Zukunft ad libitum
Miteinander nach Bette gehe:

Tartar und Mongole mit Griechenfraun,
Cherusker mit gelben Chinesen,
Eisbären mit schwedischen Nachtigalln,
Türkinnen mit Irokesen.

Tranduftende Samojedinnen solln
Zu Briten und Römern sich betten,
Plattnasige düstre Kaffern zu
Alabasterweißen Grisetten.

Ja, ändern wird sich die ganze Welt
Durch, diese moderne Leitung –
Doch die schönsten Weiber bekommen die
Redakteure der Rheinischen Zeitung!

Auflösen wollen sie alles schier;
Oh, Lästrer sind sie und Spötter;
Kein Mensch soll in Zukunft besitzen mehr
Privateigentümliche Götter.

Die Religion wird abgeschafft,
Nicht glauben mehr soll man an Rhenus,
An den nußlaub- und rebenbekränzten, und nicht
An die Mediceische Venus.

Nicht glauben an Kastor und Pollux – nicht
An Juno und Zeus Kronion,
An Isis nicht und Osiris nicht
Und an deine Mauern, o Zion!

Ja, weder an Odin glauben noch Thor,
An Allah nicht und an Brahma –
Die Neue Rheinische Zeitung bleibt
Der einzige Dalai-Lama.«

Da schwieg der Herr Regierungsrat,
Und nicht wenig war ich verwundert:
Sie scheinen ein sehr gescheiter Mann
Für unser verrückt Jahrhundert!

Ich bin entzückt, mein werter Herr,
Von Ihrer honetten Begleitung –

Ich selber bin ein Redakteur
Von der Neuen Rheinischen Zeitung.

Oh, fahren Sie fort, so unsern Ruhm
Zu tragen durch alle Lande –
Sie sind als Mensch und Regierungsrat
Von unbeschränktem Verstande.

Oh, fahr er fort, mein guter Mann –
Ich will ihm ein Denkmal setzen
In unserm heitern Feuilleton –
Sie wissen die Ehre zu schätzen.

Ja, wahrlich, nicht jeder Gimpel bekommt
Einen Tritt von unsern Füßen –
Ich habe, mein lieber Regierungsrat,
Die Ehre, Sie höflich zu grüßen.

Kein schöner Ding ist auf der Welt, als seine Feinde zu beißen

1.

Kein schöner Ding ist auf der Welt,
Als seine Feinde zu beißen,
Als über all die plumpen Geselln
Seine lustigen Witze zu reißen.

So dacht ich und stimmte die Saiten schon:
Da ward ich versetzt in Ruhstand.
Aus war der Spaß; die heil'ge Stadt Köln
Ward erklärt in Belagerungszustand.

Von Bajonetten starrte die Stadt
Wie ein Stachelschwein. Rings um den Neumarkt
Wogten die preußischen Erzengel bis
Zum Hahnentor und zum Heumarkt.

Und ein Leutnant zog vor unsere Tür
In kriegerischer Begleitung
Und proklamierte trommelnd den Tod
Der Neuen Rheinischen Zeitung. –

Da griff ich zum Stab, und ich eilte fort,
Die Brust voller Kummer und Ärger.
Zu Herrn Soherr nach Bingen floh ich; dort trinkt
Man vorzüglichen Scharlachberger.

Herr Soherr, der ist ein fröhlicher Mann,
Und im ganzen Lande wird sich
Kein Scharlachberger finden wie der
Des Herrn Soherr von sechsundvierzig.

Herr Soherr ist vierundsechzig alt,
Und sein Wein ist von sechsundvierzig;
Er duftet nach Veilchen und Rosen und schmeckt
Wie die Liebe erquickend und würzig.

2.

Herr Soherr wohnt im weißen Roß –
(Daß ich je ihn verließ, ich bereu es) –
»Willkommen!« so sprach er, »mein lieber Herr Weerth,
Willkommen! was haben Sie Neues?

Sie sehn so verstört und so flüchtig aus
Wie ein Mann ohne Geld und Courage.
Wie kommt's, daß Sie reisen im schwarzen Frack?
Wo ließen Sie Ihre Bagage?

Sie haben gewiß in Ems gespielt!
Oder haben Sie sich duellieret?
Oder haben Sie gar zu Köln am Rhein
Sich *politisch kompromittieret?*«

»Mein Vater Soherr!« versetzte ich da,
»Erbärmlich sind die Zeiten.
Doch kompromittier ich mich nie, denn das
Überlaß ich anderen Leuten.

Mit schönen Fraun hab ich lieber zu tun
Als mit schönen preuß'schen Soldaten.
Und als ich am Lurlei vorüberkam:
Da war ich verkauft und verraten.

Ich sah sie sitzen, die nackte Fee,
Und ich hörte ihr lüsternes Singen;
Und mit Koffer und Reisesack sank ich hinab,
Ihren wonnigen Leib zu umschlingen.

Das war eine Barrikadenschlacht
Auf ihren schneeweißen Brüsten!
Mit heiler Haut kam ich eben davon,
Doch verlor ich Koffer und Kisten –«

Da lachte Herr Soherr und zeigte mir
Seinen letzten Zahn – alleine
Steht der in seiner Kinnlade wie
Der Mäuseturm im Rheine.

3.

Und im Morgendufte wandelten wir
Durch die herbstlichen Rebenlauben,
Es rauschte märchenmurmelnd der Rhein –
Rubinfarben glühten die Trauben.

»In Köln war wirklich ein arger Skandal –«,
Begann ich zum alten Herrn Soherr,
»Barrikaden kamen in Masse, man wußt
Bei Gott nicht, von wannen und woher.

Sie wurden im Nu emporgebaut
Von Händen, energischen, raschen,
Aus Dombausteinen und Kirchenstühln
Und aus ausgetrunkenen Flaschen.

Es wehte die Fahne der Republik,
Und ein Tag war's, ein fürchterlicher.
Steckbrieflich werden die Häupter verfolgt,
Kein ehrlicher Mann ist mehr sicher.

Die Insurgenten wurden verjagt,
Und proklamiert ward eilig das Standrecht;
Das ist wahrhaftig noch schlimmer als
Das alte preußische Landrecht.

Herr Engels, der ist Diktator von Köln,
Bis wieder die Sonne der Ruh scheint;
Der Stadtkommandant, Herr Engels, der hat
Die Bürgerwehr Kölns entkuhbeint.

Geschlöffelt wird, wer sich rührt oder regt,
Gehangen, gebraten, gesotten –
Wohl werd ich mich hüten, Herrn Engels mit
Meinem Lästermund zu verspotten.

Er würde mich packen mit schrecklicher Faust
Und würde zu Tode mich schießen
Mit seinem groben Geschütze, und ach,
Das würde mich sehr verdrießen.

Wie einen Krammsvogel würde er mich
An den grauen Domkranen hangen –
Doch die Krammsvögel lassen am besten sich
In den Nebeln des Herbstes fangen.

Und Krammsvögel schmecken vortrefflich gut
Mit buttergeröstetem Brote –
O himmlischer Vater, laß manche mich
Noch essen vor meinem Tode!«

4.

Da standen wir auf den Hügeln, und
Romantisch ward mir zumute –
Politische Freunde müssen dies
Gefälligst mir halten zugute.

Und ich sang: »Was mag es bedeuten doch,
Daß ich o so traurig binne?
Ein Mädchen aus alten Zeiten, ach,
Das kommt mir nicht aus dem Sinne!«

Da fiel Herr Soherr mir eilig ins Wort:
»Nicht ein Mädchen – ein Märchen! sagt Heine!«
Und zusammenschrak ich, und mein Verstand
Kam wiederum auf die Beine.

»Der Stadtkommandant, Herr Engels, der hat
Die Macht jetzt, die materielle.
Doch Herr Joseph DuMont in Köln, der besitzt
Die intellektuelle.

Denn die Kölnische Zeitung ist einzig allein
Der Unterdrückung entgangen;
Die andern Blätter wurden verpönt,
Gebraten, gesotten, gehangen.

Die Kölnische Zeitung ward lang redigiert
Mit Rotstift und Schere, nicht ohne
Talent von der alten Frau DuMont, doch
Die starb, und Joseph, dem Sohne,

Überließ sie das hübsche Annoncengeschäft,
Und Joseph ist reich geworden
An den Gütern des Glücks und bekommt gewiß
Auch bald noch seinen Orden. –

Herr Joseph ist ein trefflicher Mann!
Bis zur Revolution noch schrieb ich
Unsterbliche Feuilletons für sein Blatt –
Und stets sein Verehrer blieb ich.

Doch wie sich manche Verbindung löst,
So ging auch unsre zu Ende,
Und das Feuilleton kam in Levy, des
Romantischen Schmules Hände.

Herr Levy schmult das Feuilleton;
Doch mit ›breitgeschnittener Feder‹

Die Leitartikel Herr Brüggemann schreibt –
Die weiß zu schätzen ein jeder.

Herr Levy und Herr Brüggemann,
Die schreiben mit Anstand und Sitte –
Ein borstig, niedrigstirniger Kerl
Ist in dem Bunde der dritte.

Ein Pommer zwar von Geburt, überragt
Er doch noch Herrn Wolffers, ich finde,
Daß dieser ein Belgier ist – o Gott,
Vergib mir meine Sünde!

Ein Levy und ein Brüggemann,
Ein Flandre und ein Kalmücke:
Die sind's, so erleuchten die Rheinprovinz
Mit ungewöhnlichem Glücke!

O Joseph, wie preis ich glücklich dich,
Du hast, was die Erde bietet:
Du hast dir für dein gutes Geld
Die vier besten Kerle gemietet!

Ja, lieber Herr Soherr, glauben Sie dreist
An des Vaterlandes Genesung,
Solang noch die Kölnische Zeitung sprießt
Aus der allgemeinen Verwesung.

Verwesungsrüchig noch manches Jahr
Wird sie duften vom Pol zum Äquator,
Wenn längst verschwunden Sie und ich
Und Herr Engels, der köln'sche Diktator.

Der Brite Coleridge roch zu Köln
An die siebzig verschiedne Gerüche;
Darunter gewiß auch den Gestank
Aus Josephs politischer Küche.«

5.

Da klang durch die Berge ein Posthorn hell;
Es klang immer lust'ger und froher.
»Das ist, ich wette, der Postillon
Von Lonjumeau, lieber Herr Soherr!«

Doch Soherr spitzte sein Ohr und sprach:
»Sie irren sich! An den hellen
Tönen, da hör ich, es ist die Post,
Die kommt von der heil'gen Stadt Köllen!

Die bringt uns die Kölnische Zeitung.« – Und
Mein Jubel, der wollte nicht enden.
Und wahrlich, nach zehn Minuten hielt
Ich das teure Blatt in den Händen.

Und freute mich, daß die ehrliche Stadt
Noch steh auf demselben Flecke
Und daß man noch Piesporter trinke daheim
Zu köstlichem Schnepfendrecke.

Und daß die Bevölkrung sich keineswegs
Über all ihr Mißgeschick härme,
Ja, daß man für die Soldaten jetzt
Wie für kleine Mädchen schwärme.

Und daß die Heuler am Leben noch
Und die Wühler gekrochen zu Kreuze,
Daß der Herr Joseph gesund noch – und obenauf
Seine vier literarischen Käuze.

Daß Herr Levy noch schreibe die Feuilletons,
Daß der Witz des Herrn Wolffers nicht holpre
Und daß der Herr Brüggemann wieder herum
Auf dem alten Rechtsboden stolpre.

Ja, die Kölnische las ich! Drin annonciert
Zitrone und Pumpernickel –
In ihren Annoncen ist's, wo sie gibt
Ihre besten polit'schen Artikel.

Bescheidenheit ist's, daß stets sie versteckt
Ihr Bestes nur produzieret –
Die Rheinische trug es frech auf der Stirn,
Drum ward sie suspendieret.

Die arme Rheinische – ach! schon tot!
Doch wartet: Empor einst rütteln
Wird die zur Hölle Gefahrene sich
Und keck ihre Locken schütteln.

Ja, schüttelnd ihr ambrosisch Gelock,
Wird hoch zu Gerichte sie sitzen:
Zu spielen mit ihrem Donnerkeil
Und mit ihren schlechten Witzen.

6.

So sprachen wir wohl; und Soherr, mein Freund,
Viel köstliche Späße machte.
Der junge Herr Morgen verschiedenemal
Seine herzlichen Tautränen lachte.

Und ein Lüftchen wehte von Rüdesheim
Und kräuselte über die Wellen
Und küßte am Strande des Herbstes Blum
Und die Trauben, die dunklen und hellen,

Und schwang sich bergan, und es tönte leis
Die Äolsharfe wieder –
Und es war mir, als sänge der Geister Chor
Ein Lied aus dem »Buche der Lieder«.

Aus deinem Buche, du kranker Schwan,
Der du mußtest die Tage verbringen
Im Exile, indes der Heimat Höhn
Von deinem Ruhme klingen. –

Doch Herr Soherr sprach: »Ich glaube, es ist
Am besten, wir steigen zu Tale
Und frühstücken Austern und Kaviar,
Oder Käse, oder Lachs, oder Aale.

Ich gebe Ihnen ein gutes Glas
Von einer verständigen Sorte.« –
Sprach's. – Und ich erkannte den tiefen Sinn
Dieser höchst gewichtigen Worte.

Und der Keller erschloß sich. Und balde war'n
Wir in sehr erfreulicher Andacht;
Und nicht an Herrn Engels und nicht an Köln,
Sondern nur an den Wein jedermann dacht.

Und sangen: O Jerum, Jerum, Je!
Und lagen uns in den Armen.
Hosianna! – Da flogen die Türen auf,
Und herein traten zwei Gendarmen. – –

7.

Gendarmen hasse ich wie die Pest;
Ich hasse sie mehr als Spinnen,
Als grüne Seife – Du lieber Gott,
Was soll ich nun beginnen!

Der eine zog ein Signalement
Aus seiner schäbigen Tasche.
Und mich betrachtend mit stierem Blick,
Begann er zu murmeln rasche:

»Fünf Fuß, zehn Zoll – die Haare blond –
Olympisch gewölbt die Stirne –
Ein roter Bart – Statur ist schlank –
Kennzeichen: Viel Gehirne. –

Auch macht er Verse – spricht kein Latein
Blaß ist er wie große Geister –
Die Zähne sind gut – – Verehrter Herr,
Ohne Umschweife viel: wie heißt er?«

Da hob ich mich würdig empor und sprach:
»Ich heiße Charlemagne!
Wollhändler bin ich in Aachen und trink
Recht gerne den Wein der Champagne.

Ich spekuliere in Trüffeln und Öl,
Mein Bankier empfängt mich prächtig.«
Da sprach der erste Gendarme: »Mein Herr,
Dies ist ausnehmend verdächtig!«

Ich aber fuhr fort: »Auch Spiritus
Verkauf ich von hoher Reinheit,
Nahm Aktien auf jede Luftschiffahrt
Sowie auf die deutsche Einheit.

Bei Tage besorge ich mein Geschäft,
Doch nachts, da treibe ich Späße.« –
Da sprach der zweite Gendarme: »Mein Herr,
Wo haben Sie Ihre Pässe?«

»Meinen Paß! Meinen Paß! – Oh, wollen Sie nicht
Sich gütigst ein wenig setzen?
Oh, trinken Sie doch einen Becher Wein,
Das würde mich sehr ergetzen!

Mein Paß! Mein Paß! – Ach leider ist
Er gescheitert am Lurlei neulich.

Oh, trinken Sie doch einen Becher Wein,
Das wäre mir sehr erfreulich!«

Und dein gedacht ich und deiner Tat,
Odysseus, du ränkevoller!
Und meine beiden Zyklopen ließ
Ich saufen toller und toller.

Und lobte die deutsche Zentralgewalt
Und Herrn Engels, den Stadtkommandanten,
Und sagte, Herr DuMont gehöre zu
Meinen allerbesten Bekannten.

Und pries Herrn Levy und Brüggemann
Und Herrn Wolffers und all die andern
Und schimpfte wie ein Rohrsperling
Auf die Republikaner von Kandern.

Und sagte: es freue mich ungemein,
Daß die Rheinische Zeitung erdrückt sei
Und daß der Putsch von Frankfurt und Köln
So wunderherrlich mißglückt sei.

Und sagte: mein lieber Herr Vetter sitz
Im Parlament auf der Rechten
Und stimme mit Jahn und mit Radowitz,
Des Volkes Heil zu erfechten.

Und meinte: die Linke in Berlin
Und in Frankfurt sei wert, daß sie hänge,
Und nahm das Glas und sang, daß es klang,
Ein Dutz' patriot'scher Gesänge.

Und versicherte: Köln befinde sich wohl
Bei seinem Belagerungszustand. –
Da schwieg ich – – die beiden Zyklopen war'n
In dem komfortabelsten Zustand.

Sie schnarchten, wie einst das Volk geschnarcht,
Das deutsche, und ihre Beine
Und Arme, die starrten regungslos
Von Schlaf und süßem Weine.

8.

Sie schliefen. – So schlief auch Polyphem;
Und geblendet ward der Riese
Durch den herrlichen Dulder Odysseus. Soll
Ich jetzo blenden auch diese?

Ja, soll ich mit glühendem Korkzieher euch
Die glotzigen Augen ausdrehen?
Kein unsterblicher Gott, ja, kein Hahn und kein Huhn
Würde je wieder danach krähen.

Denn wahrlich, Poseidons Söhne nicht,
Des bläulich gelockten, seid ihr –
Der Meergott schiert sich den Teufel um euch –
Zwei gemeine Gendarmen seid beid ihr!

Er wird den Dampfer zertrümmern nicht,
Wenn ich jetzt mich entferne von Bingen. –
O Phöbus Apollo, laß meine Flucht,
O laß sie gelingen, gelingen! –

Und ausdrücklich bemerk ich, daß rücksichtsvoll
Ich nicht geblendet die beiden.
Doch dem alten Soherr sprang ich sofort
An den Hals und jauchzte vor Freuden:

»Ade, Herr Soherr! Der Wein war gut,
Vorüber ist all mein Ärger!
Und lange noch werde ich denken an
Euern göttlichen Scharlachberger.

Ade! Euer Wein war trefflich; und
Ihn preis ich nach allen Winden –
Einst wird auch schlagen unsere Stund,
Da wird sich alles finden.«

Die heilige deutsche Reichsarmee

Die heilige deutsche Reichsarmee
Ist auf den Strumpf gekommen:
Sie hat aus Schwaben und Hessen sich
Die besten Jungens genommen.

Die hellige deutsche Reichsarmee,
Die sollte die Schweiz berücken:
Schon rückte sie aus, da mußte sie, ach,
Die verfluchten Hosen noch flicken.

Die heilige deutsche Reichsarmee,
Die sollte ganz Limburg fressen:
Schon rückte sie aus, da hatte sie, ach,
Das verfluchte Pulver vergessen.

Die heilige deutsche Reichsarmee,
Die war zum Kampfe entschlossen:
Da haben die Preußen und Dänen, ach,
Den verfluchten Frieden geschlossen.

Die heilige deutsche Reichsarmee,
Die sollte auch Wien erlösen:
Da ist, ach Gott, der Herr Windischgrätz
So verflucht bei der Hand gewesen.

Die heilige deutsche Reichsarmee,
Die lebt ohn viele Sorgen:
Die Landsknechte traun auf den lieben Gott –
Kommst du heute nicht, kommst du morgen.

Schlußlied

Heller ward es im Osten.
Da machte sich auf der Morgenwind,
Vom Schlummer zu wecken
Des Frühlings lieblichste Kinder:
Maililien und wilde
Zartrosa Rosen.
Sacht durchzog er das junge
Gras und das grüne
Sprossende Korn, daß die Ähren
Leis zu nicken begannen und weithin
Wogten hinab
Zu der Felder Umzäunung.
Munter fuhr er einher
An der Seite des Hügels,
Jagte den Duft empor
Von den Apfelblüten und tanzte
Über die Gärten hinweg
In den Forst dann,
Spielend hier mit der weißlichen
Birke Gezweig, mit dem Wipfel
Der Tanne dort und des Buchbaums
Prächtiger Krone;
Säuseln und Rauschen begann
Im Tal, auf den Höhen.
Demanten glänzte der Tau
Im wachsenden Licht;
Aus Blättern und Kelchen
Rollt er, und Leben entsteht
Und Bewegung jetzt, überall, überall!

Träumrisch erhebt ihr Köpfchen
Die Taube; es springt
Von Ast zu Ast die schwarzweiße
Elster; die Falken erwachen

Im Dickicht, und horchend
Reckt der Hirsch sich empor
An dem sprudelnden Waldbach.

Vorbei die Stille der Nacht!
Es erwachen
Die Lieder in jeder Brust,
So Natur zum Gesange gestimmt hat.
Ein Ruf jetzt – ein Schrei des Entzückens!
Und hell zu der Wälder Gerausch
Erschallt in melodischem Chor
Das Festlied aller Lebend'gen!

Triumph! daß du kamst,
O strahlende Sonne; ein neuer
Tag geht auf den Völkern der Erde.
Mag alles froh dich begrüßen,
Mag alles liebend dir nachschaun,
Wenn wundervoll
Nach vollbrachtem Lauf
Du leuchtend wieder hinabsinkst.

287

Biographie

1822 *17. Februar:* Georg Weerth wird als Sohn eines Generalsuperintendenten in Detmold geboren.
1830 Eintritt in das Gymnasium in Detmold.
1836 Abschluß des Gymnasiums mit der Sekundarreife.
September: Beginn einer kaufmännischen Lehre bei der Firma J. H. Brink und Comp. in Elberfeld.
Tod des Vaters und der Schwester Charlotte.
Vermutlich erste Kontakte zu Friedrich Engels.
1837 Kontakt zu Ferdinand Freiligrath, der aus dem Nachbarhaus in Detmold stammte.
1838 Bekanntschaft mit Hermann Püttmann.
Es entstehen erste (unveröffentlichte) Gedichte.
1839 Weerth sucht nach einer Stelle in Buenos Aires. Er nimmt das Angebot der Firma des Grafen Meinertshagen in Köln für eine Stelle als Buchhalter an.
1840 Beginn der Arbeit als Buchhalter in Köln (bis 1842).
1841 Am Kölner Karneval nimmt Weerth als Don Quichote teil.
Als erste Veröffentlichung erscheint »Der steinerne Knappe« (in »Tausend und eine Rheinsage«).
März: Weerth äußert den Wunsch zu einer Auslandsreise, der jedoch nicht erfüllt wird.
Sommer: Besuch von Hermann Püttmann in Köln, mit dem Weerth Freundschaft schließt.
Jahresende: Friedrich aus'm Weerth bietet ihm eine Stelle als Korrespondent in seiner Firma in Bonn an. Weerth nimmt an.
1842 *Januar:* Weerth wird aus dem Vertrag mit dem Grafen Meinertshagen entlassen und übernimmt seine Aufgabe in Bonn.
Besuch von Vorlesungen über Kunst und Literatur an der Universität Bonn.
Weerth unterhält Beziehungen zu Johann Gottfried Kinkel und wird Mitglied in dessen »Maikäferbund«.

Zugleich Kontakte zum Dichterkreis um Karl Simrock.

1843 *Februar:* Erste Veröffentlichungen in der »Kölnischen Zeitung« durch Vermittlung von Hermann Püttmann, der dort Feuilletonchef geworden ist.

Mai: Weerth beteiligt sich an der Kampagne für Pressefreiheit und Emanzipation der Juden.

Konflikt mit Friedrich aus'm Weerth, nachdem Weerth Informationen aus einem vertraulichen Brief des Oberbürgermeisters weitergegeben und damit dessen Opportunismus offengelegt hat. Weerth verläßt die Firma und sucht nach einer Anstellung in England.

September: Reise nach London, wo er vergeblich versucht, eine Anstellung zu finden.

November: Durch Vermittlung von Georg Gruber erhält Weerth eine Stellung in der Textilfirma Th. Passavant und Comp. in Bradford (England). Er wird mit der hochentwickelten industriellen Produktion bekannt.

Dezember: Nach kurzem Aufenthalt in Detmold verläßt Weerth Deutschland und siedelt nach Bradford über. Entstehung der ersten Teile der späteren »Skizzen aus dem sozialen und politischen Leben der Briten«, die als Englandberichte in der »Kölnischen Zeitung« veröffentlicht werden.

Erste Konzeption eines Romans, der unvollendet bleibt.

1844 *Frühjahr:* Besuch bei Friedrich Engels in Manchester und Beginn einer engen Freundschaft. Engels charakterisiert ihn später als den »erste(n) und bedeutendste(n) Dichter des deutschen Proletariats«.

Weerth lernt sozialistische und kommunistische Ideen kennen und beschäftigt sich mit den Problemen des englischen Proletariats. Bekanntschaft mit dem englischen Chartismus und seinem Führer Robert Owen, mit Julian Harney und Feargus O'Connor, Joseph Rayner Stephens und John Jackson.

Studium der Schriften von Feuerbach, Smith, Malthus, Ricardo und MacCullochs.

Weerth veröffentlicht einige Gedichte und Reportagen in verschiedenen Zeitungen und Zeitschriften und setzt die Englandberichte für die »Kölnische Zeitung« fort.

1845 »Lieder aus Lancashire« erscheinen im Elberfelder »Gesellschaftsspiegel« (bis 1846).

Arbeit an den »Humoristischen Skizzen aus dem deutschen Handelsleben« und an dem Romanfragment »Scherzhafte Reisen«.

Sommer: Fahrt nach Brüssel und Treffen mit Karl Marx, Heinrich Bürgers und Moses Heß.

Auf der Rückreise Begegnung mit Julian Harney und Wilhelm Weitling in London. Weerth nimmt an dem von Harney und Weitling organisierten Meeting zur Erinnerung an die erste französische Revolution teil.

September: Rückkehr nach Bradford.

»Das Blumenfest der englischen Arbeiter« (Prosaskizze).

1846 *April:* Weerth wird Agent der Bradforder Firma Emanuel & Son für Belgien, Holland und Frankreich und unternimmt Geschäftsreisen durch diese Länder.

Weerth verwirft den Plan einer Herausgabe seiner gesammelten Gedichte.

Für das von Marx und Engels gegründete »Kommunistische Korrespondenzkomitee« übernimmt Weerth Kurierdienste und Kontaktpflege.

1847 *Juni:* Kongreß des Bundes der Gerechten, der in Bund der Kommunisten umbenannt wird, zu dem auch Weerth gehört.

Veröffentlichung mehrerer Gedichte in der Deutsch-Brüsseler Zeitung.

Beginn des Abdrucks der »Humoristischen Skizzen aus dem deutschen Handelsleben« in der »Kölnischen Zeitung«.

18. September: Weerth spricht auf der Freihandelskonferenz in Brüssel »im Namen der Arbeiter« und trägt die Ideen des wissenschaftlichen Sozialismus vor.

November: Wahl in den Vorstand der »Association démocratique«.

1848 *Februar:* Reise nach Paris aus Anlaß der Februarrevolution. Teilnahme an der Demonstration der deutschen Demokraten unter Führung von Georg Herwegh.

März: Nach der Märzrevolution Reise nach Köln. Vorbereitungen zur Herausgabe einer Zeitung.

1. Juni: Erscheinen der ersten Ausgabe der »Neuen Rheinischen Zeitung« unter dem Chefredakteur Karl Marx. Weerth wird Redakteur des Feuilletonteils. Bekanntschaft mit Ferdinand Lassalle und Gräfin von Hatzfeld.

8. August: Der erste deutsche Feuilletonroman »Leben und Taten des berühmten Ritters Schnapphahnski« erscheint als Serie in der »Neuen Rheinischen Zeitung« (1849 in Buchform).

19. September: Das Vorbild für die Schnapphahnski-Figur, der Abgeordnete der Nationalversammlung Lichnowsky, wird in Frankfurt am Main getötet. Weerth unterbricht den Abdruck seiner Feuilletonserie. Vorladung vor Gericht.

26. September: Belagerungszustand in Köln. Die »Neue Rheinische Zeitung« kann nicht erscheinen. Weerth verläßt zeitweilig die Stadt.

12. Oktober: Wiedererscheinen der »Neuen Rheinischen Zeitung«.

Ende Oktober: Weerth unternimmt die erste geschäftliche Auslandsreise (nach Belgien) nach Beginn der Revolution.

1849 *Januar:* Reise nach Hamburg und Treffen mit dem Verleger Julius Campe, der eine Buchveröffentlichung des »Schnapphahnski« vorschlägt.

März: Rückkehr nach Köln.

April-Mai: Geschäftsreisen nach Belgien und Holland.

19. Mai: Nach der Ausweisung von Karl Marx aus Deutschland erscheint die letzte Ausgabe der »Neuen Rheinischen Zeitung«. Weerth geht nach Lüttich.

Juni: Weerth hält sich in Paris, anschließend wieder in Belgien auf. Er wird aus Belgien ausgewiesen und nach Holland abgeschoben. Reise nach Köln, wo er mit Freiligrath zusammentrifft, Detmold und Hamburg.

Juli: Weerth erfährt, daß er von der Korrektionell-Appellationskammer in Köln wegen seines Romans »Schnapphahnski« zu drei Monaten Gefängnis verurteilt worden ist.

In Hamburg trifft er mit seiner Firma eine Vereinbarung über die Errichtung einer Agentur in Liverpool. Reise nach Nordfrankreich und Paris.

August: Kurzes Treffen mit Heinrich Heine in Paris. In Calais macht er die Bekanntschaft der Lola Montez. Eintreffen in Liverpool.

September: Übersiedlung nach London.

Dezember: Kurze Reisen nach Holland und nach Bradford.

»Proklamation an die Frauen«.

1850 *Januar:* Der Königliche Revisions- und Kassationshof in Berlin verwirft Weerths Einsprüche gegen seine Verurteilung.

25. Februar – 26. Mai: Weerth verbüßt seine Haftstrafe im Gefängnis Klingelpütz in Köln.

Juni-August: Geschäftsreisen (mit gelegentlichen politischen Kurierdiensten) nach England, Schottland, Portugal und Spanien.

Dezember: Treffen mit dem konservativen englischen Parlamentsabgeordneten John Packington.

1851 *Februar:* Rückkehr nach Hamburg über Paris, wo er Heinrich Heine besucht.

Heinrich Bürgers versucht erfolglos, Weerth zur Mitarbeit an einer neuen Zeitung zu gewinnen.

Juni: Aufenthalt in Detmold.

Juli: Reise zur Weltausstellung nach London. Treffen mit Marx, Ernest Jones, Wilhelm Wolff, Freiligrath und Bekanntschaft mit Wilhelm Liebknecht.

Juli-August: Reise nach Hamburg, Bradford und Holland.

Oktober: Aufenthalt in Bradford. Engerer Kontakt mit Marx und Engels, deren Versuche, Weerth zu neuer politischer und literarischer Tätigkeit zu gewinnen, jedoch erfolglos bleiben.

1852 *Februar:* Geschäftsreisen durch Holland und Deutschland. Weerth trifft in Köln mit Friedrich aus'm Weerth, in Elberfeld mit Hermann Püttmann und in Dresden mit dem Historiker Karl Eduard von Vehse zusammen.

April: Aufenthalt in Berlin und enger Kontakt mit Franz und Lina Duncker. In Leipzig Besuch von Lina Duncker und ihrer Schwester Betty Tendering.

Weerths Arbeitgeber, die Firma Emanuel, gerät durch den Konkurs der Londoner Filiale in plötzliche finanzielle Schwierigkeiten.

Juni: Weerth kann den Bankrott der Gesamtfirma abwenden helfen, die sich jedoch verkleinern muß. Weerth verläßt das Unternehmen. Er nimmt das Angebot der Firma Steinthal für eine Agentur in Mittel- und Südamerika an.

Oktober: Aufenthalt in Manchester, dem Sitz der Firma Steinthal.

Dezember: Weerth reist nach St. Thomas in Westindien ab. Bekanntschaft mit General Pedro Santana, dem Präsidenten der Dominikanischen Republik.

Reisen in Mittelamerika. Treffen mit Robert Schomburgk.

1853 *April-August:* Geschäftsreisen nach Südamerika.

September: Fahrt nach Mexiko und in die USA (San Francisco) (bis März 1854).

1854 *April-Juli:* Reisen durch Südamerika.

Oktober: Erneute Geschäftsreise nach Argentinien und Brasilien.

1855 *Mai:* Reise von Rio de Janeiro nach Southampton. Weerth entschließt sich zur Übernahme einer perma-

nenten Agentur in Westindien.
August: Reise nach Deutschland und Besuche in Detmold, Hamburg und Berlin.
Ende September: Wiedersehen mit Betty Tendering in Köln, die seine Liebe aber nicht erwidert. Aufenthalt in Detmold.
Oktober: Erneutes Treffen mit Betty Tendering in Paris, wo Weerth mit seinem Bruder Wilhelm die Weltausstellung besucht.
November: Letzter vergeblicher Versuch der Annäherung an Betty Tendering in Marseille.
17. November: Abfahrt von Southampton nach St. Tomas.
Dezember: Reisen nach Südamerika.

1856 *März:* Längerer Aufenthalt in Kuba.
30. Juli: Georg Weerth stirbt im Alter von 34 Jahren während einer Geschäftsreise in Havanna am Gelbfieber.

Dekadente Erzählungen

Im kulturellen Verfall des Fin de siècle wendet sich die Dekadenz ab von der Natur und dem realen Leben, hin zu raffinierten ästhetischen Empfindungen zwischen ausschweifender Lebenslust und fatalem Überdruss. Gegen Moral und Bürgertum frönt sie mit überfeinen Sinnen einem subtilen Schönheitskult, der die Kunst nichts anderem als ihr selbst verpflichtet sieht.

Rainer Maria Rilke Die Aufzeichnungen des Malte Laurids Brigge **Joris-Karl Huysmans** Gegen den Strich **Hermann Bahr** Die gute Schule **Hugo von Hofmannsthal** Das Märchen der 672. Nacht **Rainer Maria Rilke** Die Weise von Liebe und Tod des Cornets Christoph Rilke

ISBN 978-3-8430-1881-4, 412 Seiten, 29,80 €

Erzählungen aus dem Sturm und Drang

Zwischen 1765 und 1785 geht ein Ruck durch die deutsche Literatur. Sehr junge Autoren lehnen sich auf gegen den belehrenden Charakter der - die damalige Geisteskultur beherrschenden - Aufklärung. Mit Fantasie und Gemütskraft stürmen und drängen sie gegen die Moralvorstellungen des Feudalsystems, setzen Gefühl vor Verstand und fordern die Selbstständigkeit des Originalgenies.

Jakob Michael Reinhold Lenz Zerbin oder Die neuere Philosophie **Johann Karl Wezel** Silvans Bibliothek oder die gelehrten Abenteuer **Karl Philipp Moritz** Andreas Hartknopf. Eine Allegorie **Friedrich Schiller** Der Geisterseher **Johann Wolfgang Goethe** Die Leiden des jungen Werther **Friedrich Maximilian Klinger** Fausts Leben, Taten und Höllenfahrt

ISBN 978-3-8430-1882-1, 476 Seiten, 29,80 €

Erzählungen aus dem Sturm und Drang II

Johann Karl Wezel Kakerlak oder die Geschichte eines Rosenkreuzers **Gottfried August Bürger** Münchhausen **Friedrich Schiller** Der Verbrecher aus verlorener Ehre **Karl Philipp Moritz** Andreas Hartknopfs Predigerjahre **Jakob Michael Reinhold Lenz** Der Waldbruder **Friedrich Maximilian Klinger** Geschichte eines Teutschen der neusten Zeit

ISBN 978-3-8430-1883-8, 436 Seiten, 29,80 €

Erzählungen der Frühromantik

1799 schreibt Novalis seinen Heinrich von Ofterdingen und schafft mit der blauen Blume, nach der der Jüngling sich sehnt, das Symbol einer der wirkungsmächtigsten Epochen unseres Kulturkreises. Ricarda Huch wird dazu viel später bemerken: »Die blaue Blume ist aber das, was jeder sucht, ohne es selbst zu wissen, nenne man es nun Gott, Ewigkeit oder Liebe.«

Tieck Peter Lebrecht **Günderrode** Geschichte eines Braminen **Novalis** Heinrich von Ofterdingen **Schlegel** Lucinde **Jean Paul** Des Luftschiffers Giannozzo Seebuch **Novalis** Die Lehrlinge zu Sais
ISBN 978-3-8430-1878-4, 416 Seiten, 29,80 €

Erzählungen der Hochromantik

Zwischen 1804 und 1815 ist Heidelberg das intellektuelle Zentrum einer Bewegung, die sich von dort aus in der Welt verbreitet. Individuelles Erleben von Idylle und Harmonie, die Innerlichkeit der Seele sind die zentralen Themen der Hochromantik als Gegenbewegung zur von der Antike inspirierten Klassik und der vernunftgetriebenen Aufklärung.

Chamisso Adelberts Fabel **Jean Paul** Des Feldpredigers Schmelzle Reise nach Flätz **Brentano** Aus der Chronika eines fahrenden Schülers **Motte Fouqué** Undine **Arnim** Isabella von Ägypten **Chamisso** Peter Schlemihls wundersame Geschichte **Hoffmann** Der Sandmann **Hoffmann** Der goldne Topf
ISBN 978-3-8430-1879-1, 408 Seiten, 29,80 €

Erzählungen der Spätromantik

Im nach dem Wiener Kongress neugeordneten Europa entsteht seit 1815 große Literatur der Sehnsucht und der Melancholie. Die Schattenseiten der menschlichen Seele, Leidenschaft und die Hinwendung zum Religiösen sind die Themen der Spätromantik.

Brentano Die drei Nüsse **Brentano** Geschichte vom braven Kasperl und dem schönen Annerl **Hoffmann** Das steinerne Herz **Eichendorff** Das Marmorbild **Arnim** Die Majoratsherren **Hoffmann** Das Fräulein von Scuderi **Tieck** Die Gemälde **Hauff** Phantasien im Bremer Ratskeller **Hauff** Jud Süss **Eichendorff** Viel Lärmen um Nichts **Eichendorff** Die Glücksritter
ISBN 978-3-8430-1880-7, 440 Seiten, 29,80 €

Erzählungen aus dem Biedermeier

Biedermeier - das klingt in heutigen Ohren nach langweiligem Spießertum, nach geschmacklosen rosa Teetässchen in Wohnzimmern, die aussehen wie Puppenstuben und in denen es irgendwie nach »Omma« riecht.

Zu Recht. Aber nicht nur.

Biedermeier ist auch die Zeit einer zarten Literatur der Flucht ins Idyll, des Rückzuges ins private Glück und der Tugenden. Die Menschen im Europa nach Napoleon hatten die Nase voll von großen neuen Ideen, das aufstrebende Bürgertum forderte und entwickelte eine eigene Kunst und Kultur für sich, die unabhängig von feudaler Großmannssucht bestehen sollte.

Georg Büchner Lenz **Karl Gutzkow** Wally, die Zweiflerin **Annette von Droste-Hülshoff** Die Judenbuche **Friedrich Hebbel** Matteo **Jeremias Gotthelf** Elsi, die seltsame Magd **Georg Weerth** Fragment eines Romans **Franz Grillparzer** Der arme Spielmann **Eduard Mörike** Mozart auf der Reise nach Prag **Berthold Auerbach** Der Viereckig oder die amerikanische Kiste

ISBN 978-3-8430-1884-5, 444 Seiten, 29,80 €

Erzählungen aus dem Biedermeier II

Annette von Droste-Hülshoff Ledwina **Franz Grillparzer** Das Kloster bei Sendomir **Friedrich Hebbel** Schnock **Eduard Mörike** Der Schatz **Georg Weerth** Leben und Taten des berühmten Ritters Schnapphahnski **Jeremias Gotthelf** Das Erdbeerimareili **Berthold Auerbach** Lucifer

ISBN 978-3-8430-1885-2, 440 Seiten, 29,80 €

Erzählungen aus dem Biedermeier III

Eduard Mörike Lucie Gelmeroth **Annette von Droste-Hülshoff** Westfälische Schilderungen **Annette von Droste-Hülshoff** Bei uns zulande auf dem Lande **Berthold Auerbach** Brosi und Moni **Jeremias Gotthelf** Die schwarze Spinne **Friedrich Hebbel** Anna **Friedrich Hebbel** Die Kuh **Jeremias Gotthelf** Barthli der Korber **Berthold Auerbach** Barfüßele

ISBN 978-3-8430-1886-9, 452 Seiten, 29,80 €